A Monsieur le Comte D'y
Pair de France. de la part de
l'auteur.

DES

VÉRITABLES CAUSES

QUI ONT AMENÉ LA RUINE

DE LA COLONIE

DE

SAINT-DOMINGUE,

Des moyens certains d'en reprendre possession et d'y vivre paisiblement à l'abri de nouveaux troubles politiques.

De his multi multa, pauci aliquid, nemo satis.

PAR J. A. MARIE ALBERT,

Avocat en l'ancien parlement de Paris ; Me en pharmacie, docteur en médecine et en chirurgie de Montpellier ; ancien apothicaire-major de l'amirauté ; ancien médecin du Roi, médecin en chef de l'hôpital royal militaire et de la marine au Cap-Français ; inspecteur-général du service de santé des hôpitaux civils, militaires, et des armées de la colonie ; membre du comité central de bienfaisance du dixième arrondissement de Paris,

PROPRIÉTAIRE A SAINT-DOMINGUE.

PARIS,

J. G. DENTU, IMPRIMEUR-LIBRAIRE,

Rue du Pont de Lodi, n° 3, près le Pont-Neuf ;

Et Palais-Royal, galeries de bois, nos 265 et 266.

1815.

PRÉFACE.

Les malheurs de la colonie de Saint-Domingue étant aujourd'hui plus que jamais un objet digne des profondes méditations de l'homme de bien ami de son pays, de l'intérêt du public et de la sollicitude paternelle du Souverain, j'ai cédé aux sollicitations pressantes de mes amis, de livrer à l'impression quelques réflexions sur St.-Domingue. Quelque soit l'accueil qu'elles reçoivent du public, et particulièrement des personnes qui ont un intérêt positif à la chose, lesquelles me comprendront mieux que celles qui n'ont aucune connaissance des évènemens et moins encore des localités, je les prie de croire qu'en publiant ces Réflexions, ma seule et unique prétention est de faire connaître des vérités ignorées par le plus grand nombre des habitans mêmes, vérités qu'il est important que tout le monde connaisse, et particulièrement le Gouvernement, pour juger en connaissance de cause des moyens les plus convenables à employer pour reprendre possession de cette colonie, et assurer à jamais la tranquillité de Saint-Domingue et de ses habitans.

Scribo bonâ fide, probâ que veritate
qui meliora habet eodem det animo.

DES
VÉRITABLES CAUSES
QUI ONT AMENÉ LA RUINE
DE LA COLONIE
DE SAINT-DOMINGUE.

PROPRIÉTAIRE et ancien fonctionnaire public à Saint-Domingue, témoin de son ancienne splendeur (1) et des dissentions politiques qui ont fait de cette seconde France un foyer volcanique; c'est à ce titre, mais bien plus encore à celui de l'intérêt personnel qui m'attache au sort de cette infortunée colonie, que je m'hasarde à faire paraître quelques-unes de mes réflexions : elles m'attireront peut-être des ennemis; mais que m'importe, après tout, l'approbation ou l'improbation de tel ou tel, si je puis contribuer par mes conseils à le rendre plus heureux, en lui indiquant les moyens, qui sont à sa disposition, de le devenir.

---

(1) J'y suis arrivé le premier janvier 1783, et je n'en suis sorti qu'avec l'armée du général Rochambeau, en 1803.

Sans doute il est permis d'éprouver un noble orgueil d'appartenir à la colonie de Saint-Domingue, par la beauté de son climat, le caractère aimant et franc de ses habitans; mais par dessus tout, par les prodigieux produits de son territoire et les immenses ressources qu'il procure à la mère-patrie pour alimenter son commerce et sa marine.

Sans doute, après les longs orages qui ont dévasté cette nouvelle terre promise, on ne peut blâmer le petit nombre de colons échappés à la fureur des autans dévastateurs, de se livrer à la douce espérance de revoir le beau ciel qui les a vu naître, en rentrant dans leurs foyers, d'en solliciter les moyens et d'en presser l'exécution; certes, je partage bien leur impatience à cet égard, et de bien bon cœur je joins mes vœux à tous les leurs; mais quelque naturelle que soit cette impatience, pourquoi toujours fatiguer le ciel de ses clameurs et de ses doléances? Pourquoi sans cesse importuner les premiers corps de l'Etat et provoquer l'influence qu'ils peuvent avoir sur les dispositions sages et réfléchies d'un Monarque éclairé, en adressant tantôt à la chambre des pairs, tantôt à la chambre des communes, des observations sur l'importance de la colonie de

Saint-Domingue, et ne jamais dire un mot des causes qui lui ont fait perdre sa prépondérance dans les intérêts de la France, en la séparant de la mère-patrie ?

En effet, qui donc, pour peu qu'il soit au fait de son histoire, depuis Louis XV seulement, ou simplement intéressé dans des opérations commerciales, pourrait encore mettre en question l'importance, pour une nation puissante, agricole et manufacturière comme la France, de posséder des colonies, et notamment un territoire aussi vaste et aussi productif que l'est celui de Saint-Domingue, qui, à lui seul, pourrait presque suffire à la consommation de l'excédent des productions territoriales et manufacturières de la métropole ?

Quels sont les hommes d'Etat (dont la France est si riche encore), et qui, par leurs talens et leurs lumières en administration politique, environnent le trône de leurs expériences et de leurs conseils, peuvent douter que les colonies et le commerce (ce qui pour moi est synonyme) sont à un Etat ce que les vaisseaux sanguins sont au corps ? Au reste, si, par impossible, la France méconnaissait l'avantage de ses possessions coloniales, et notamment de Saint-Domingue, qui vaut à elle seule toutes les autres, ce serait tant pis pour elle. Abstraction faite de son attachement à la France, et à ne consulter que ses intérêts, cette colonie est assez forte et assez puissante pour ne dépendre que d'elle-même.

Resserrons, le plus qu'il sera possible, dit Journu Aubert, les liens qui attachent les colonies à la métropole, ou craignons qu'une politique adroite et barbare ne profite des troubles dont les effets auront été peut-être son ouvrage. Les colonies ont besoin sans doute de la métropole, mais aussi la métropole a encore plus besoin de ses colonies. Entourés de nations commerçantes, de puissances maritimes, accoutumés à des besoins auxquels les productions de nos climats ne peuvent suffisamment fournir, nous ne pouvons pas nous isoler en abandonnant nos colonies, sans devenir tributaires de nos voisins par la ruine totale de notre commerce.

C'est une grande erreur en économie politique que de penser que, dans l'état actuel des choses, nous puissions espérer, en augmentant le territoire de la France de quelques provinces, et en encourageant notre agriculture, de trouver de quoi nous dédommager de l'abondance de nos colonies et compenser la perte de leur possession. Il ne serait pas difficile de démontrer le danger (aujourd'hui plus que jamais) de cet étrange système. Nos colonies nous fournissent un excédent de leurs productions qui sert infiniment à nos moyens d'échange pour notre commerce extérieur. Si nous les perdons, cette branche de commerce est perdue pour nous, et nous serons forcés d'aller chercher chez nos voisins des denrées qu'ils étaient dans l'habitude, utile pour nous, de venir chercher dans nos ports. C'est en allant chercher cet objet d'échange précieux que nous portons ailleurs les productions de notre sol, nos farines, nos vins, nos eaux-de-vies et les divers articles de nos manufactures. Est-il un moyen plus puissant d'encourager notre agriculture, d'augmenter notre industrie, et de nous procurer une marine digne d'une grande nation? (Journu Aubert, négociant de Bordeaux, dans son discours à l'assemblée nationale, au nom du comité colonial, du vendredi 10 février 1791.)

Pourquoi donc, dis-je, se battre ainsi les flancs et s'épuiser en raisonnemens, pour persuader d'une vérité généralement reconnue, et aussi incontestable que la confiance que nous devons avoir en la sollicitude d'un Monarque qui, victime lui-même de l'ouragan politique qui a submergé la France, connaissant mieux la profondeur et la nature du mal, peut seul s'occuper des moyens curatifs qui lui conviennent ?

Pourquoi, enfin, toujours parler des personnes et jamais des choses, toujours provoquer un intérêt exclusif en proclamant ses malheurs, dont on se dissimule à soi-même les véritables causes ? Et pourquoi ne pas imiter la prudence, le calme et la patience des habitans de la Martinique, de la Guadeloupe, de Cayenne et des autres colonies qui, comme nous, ont aussi des calamités à déplorer, et n'ont pas moins de droits que nous à l'intérêt général ; ces droits leur seraient d'autant mieux acquis que toutes ces colonies en général, à l'exception de Saint-Domingue, n'ont que des malheurs à raconter, et moins de torts à confesser ?

Tout en payant le tribut d'éloges et d'admiration que mérite et qu'inspire le discours du brave et éloquent interprète de *plusieurs propriétaires des colonies*, beaucoup d'autres propriétaires, colons distingués et recommandables, tant par l'importance de leurs propriétés à Saint-Domingue que par la considération dont ils jouissent, regrettent avec moi de ne pas avoir vu les noms des pétitionnaires figurer dans son rapport, afin de connaître au juste la mesure d'intérêt qu'ils peuvent avoir à la chose, et le degré de confiance que peut inspirer à la chambre des députés une opinion émise par tel ou tel, basée sur son intérêt personnel, et dès-lors contraire à l'intérêt général; ce qui nécessairement ne remplirait ni les intentions ni le but que doit se proposer la chambre des députés, et moins encore les espérances des vrais intéressés à la réorganisation de la colonie de Saint-Domingue.

« Ce n'est point ici le cas, Messieurs, *dit* « *M. le rapporteur*, de développer les cau- « ses qui ont amené ces affreuses catastro- « phes, etc., etc. »

Quel est donc l'objet des colons pétitionnaires, et comment entendent-ils qu'il soit possible d'appliquer le remède au mal dont ils se plaignent, si on n'en connaît pas la cause? Ignorent-ils qu'en politique comme en physique les maladies se guérissent par les contraires des causes qui les ont produites? Or ces causes sont de deux espèces, morales ou physiques. Si elles sont morales, il faut leur opposer une force morale, employer le langage de la persuasion et les témoignages de cette confiance généreuse et franche, qui provoque et commande la réciprocité, lorsquelle est dictée par la justice et la raison. Si elles sont physiques, il faut, il est vrai, des agens plus puissans et plus énergiques, mais toujours combinés avec la force morale, conduits et dirigés par des mains prudentes quant à la chose en elle-même, fermes pour tous les partis, et sur-tout désintéressées.

Voyons maintenant de laquelle de ces deux causes dérive le mal qui nous occupe; puisque ce n'est qu'en attaquant et détruisant la cause qu'on peut aussi détruire ses effets.

Avant la mémorable et inutile révolution de France, la population de la colonie de Saint-Domingue se composait de trois espèces d'hommes, que la nature désignait simplement comme *blancs*, *hommes de couleur* et *noirs*, mais qu'une politique, tenant alors aux localités, divisait en trois classes, savoir : les *blancs*, les *hommes de couleur* et *nègres libres*, et les esclaves.

A cette époque, c'est-à-dire en 1789, d'après le dernier recensement de M. le comte Marbois,

La population blanche s'élevait à	40,000 individus.
Celle de couleur et nègres libres,	30,000
Celle des esclaves à	600,000 environ.

Pour abréger, je ne parlerai pas de la distinction que l'orgueil de naissance, de fortune ou d'esprit colonial établit entre les blancs; je me bornerai à dire, pour l'instant, que les grands blancs s'attribuaient et jouissaient à la lettre de tous les droits féodaux envers les deux autres classes; droits qu'ils exerçaient encore avec plus de morgue et d'injustice envers la classe intermédiaire, les hommes de couleur et les nègres libres, qu'envers les esclaves.

La classe dite des hommes de couleur et nègres libres, composée pour la majeure partie de riches propriétaires, dont l'origine par rapport à plusieurs familles remonte à une époque antérieure à la cession de la colonie à la France (1), payaient les mêmes contributions que les blancs, et partageaient avec eux

(1) Il n'est pas inutile d'observer, en passant, que les premiers conquérans de Saint-Domingue, dont les hatans d'aujourd'hui sont les héritiers et les descendans, se sont librement et volontairement donnés à la France, et qu'à ce titre, ils méritent des considérations particulières.

toutes les charges de l'Etat, mais ne jouissaient d'aucun droit politique, pas même civil dans la colonie, quoiqu'ayant les mêmes intérêts à défendre, et le maintien des noirs dans l'habitude du travail et l'obéissance passive à leurs maîtres ; à surveiller, en un mot, ces hommes de couleur et nègres libres, quoique riches propriétaires, ces mêmes hommes auxquels les neuf dixièmes des créoles se sont alliés, par la suite, par les liens du sang (les blancs ne faisant pas difficulté d'épouser leurs filles lorsqu'elles étaient riches), courbés sous le poids d'un préjugé aussi stupide qu'impolitique, étaient rangés au-dessous des esclaves dans l'opinion des grands blancs, c'est-à-dire des grands planteurs de Saint-Domingue ; de sorte que le général Dumas lui-même (1), l'honneur et la gloire de nos armées, comme beaucoup d'autres, fût-il venu habiter la colonie, n'aurait pas joui, par la raison seule qu'il était de couleur, d'aucun des droits naturels et inséparables de la qualité d'homme, et moins encore des droits politiques auxquels a droit de prétendre tout homme utile à la société; de manière qu'un

(1) Il naquit à Jérémie en 1762, d'une négresse et du marquis de la Pailleterie.

goujeat blanc, par cela même qu'il était blanc, pouvait impunément lui cracher à la figure sans qu'il eût droit de s'en plaindre, et moins encore de s'en venger, sous peine de supplice. *Ind[illegible]mali lab[illegible]*.

La caste des esclaves, formée d'êtres doux, généralement parlant, susceptibles de toutes les impressions par leur ignorance, mais susceptibles aussi de discernement et de civilisation par les bons exemples et l'instruction, contens de leur condition de cultivateur, et ne connaissant d'autre bonheur que celui d'appartenir à un maître humain et bienfaisant, quoique naturellement paresseux, tâchaient de vaincre cette paresse par la crainte des châtimens, quelquefois rigoureux il est vrai, mais toujours nécessaires sous le régime de l'esclavage, contribuaient machinalement à l'état florissant de la colonie ainsi qu'à la fortune particulière de leurs maîtres qu'ils aimaient en général; je dirai même qu'ils aiment encore aujourd'hui, et qu'ils regrettent plus que jamais (1). Les esclaves aimant le Roi, et n'en parlant que comme d'une divinité

(1) Le nègre éprouve un sentiment d'orgueil d'appartenir à un blanc plutôt qu'à un homme de couleur dont il redoute la domination et la sévérité.

invisible mais protectrice, vivaient heureux et tranquilles, et voyaient, non sans un secret plaisir, la classe des hommes de couleur humiliée par les blancs.

Tel était à peu près l'état des personnes et des choses à l'époque de la révolution de France.

Voyons la conduite qu'ont tenue les blancs, c'est-à-dire les propriétaires blancs dans cette déplorable lutte d'opinions et d'intérêts divers.

Qu'avez-vous fait colons blancs, lorsqu'un étourdi, échappé de la bazoche de Paris (1), vint vous annoncer au théâtre, ayant la cocarde blanche au chapeau, la révolution qui s'opérait en France?

Vive la liberté ! fut votre premier élan d'enthousiasme. Vous accueillîtes cette liberté avec tout le délire de l'extravagance la plus outrée. En aviez-vous besoin, vous qui jouissiez non seulement de tous les priviléges attachés à la liberté civile, mais encore des droits abusifs du despotisme absolu? Etait-ce pour les hommes de couleur et nègres libres que

(1) M. Chenau, clerc de M. Dubuisson, procureur, qui, quelques jours après, fut détrousser le courrier dans la montagne du Limbée.

l'orgueil colonial se croyait intéressé à maintenir sous le joug du préjugé, que vous reclamiez si chaleureusement cette liberté? Non sans doute, les évènemens l'ont prouvé.

C'était encore moins pour vos esclaves, sans doute, puisque cette liberté était en opposition avec vos intérêts les plus chers. Vous seuls voulûtes donc vous rassasier du fruit de l'arbre de la liberté, qui n'est point naturel aux colonies, sans réfléchir qu'une population de 630,000 âmes, réellement esclave, vous observait et mettait à profit vos prétentions, vos dissensions politiques et vos exemples; et ils n'ont fait par la suite à votre égard que ce que vous avez fait à celui des autorités légitimes, en levant l'étendart de la rebellion, en les persécutant, et les forçant à fuir pour éviter une fin tragique; en un mot, en vous emparant des pouvoirs administratifs de la colonie, sous le nom d'assemblée générale, puis d'assemblée coloniale; et comme ce qui abonde ne vicie pas, il y avait une assemblée provinciale du nord, laquelle a survécu à la première, qu'elle a forcée de fuir et d'abandonner aussi la colonie.

D'un autre côté, l'hôtel Massiac faisait aussi des merveilles à Paris. De grands planteurs qui daignèrent admettre quelques petits habitans à leurs hautes et importantes délibérations, avaient leur assemblée délibérante et constituante des colonies; et dans le moment où l'assemblée constituante votait l'abolition des distinctions personnelles et l'égalité des droits politiques pour les hommes de toute couleur, de toutes les parties intégrantes de la France, l'hôtel Massiac décrétait gravement et modestement, non-seulement une distinction de peau, mais une autre non moins humiliante parmi les blancs de Saint-Domingue, celle de *grands planteurs*, de *petits planteurs*, de *propriétaires* et de *petits blancs*. Risum teneatis amici.

A cette époque, et dans le même temps, plusieurs propriétaires de couleur, hommes marquans et d'un mérite distingué, se trouvant à Paris, Reymont, Milscent, Ogé, se nourrissaient des idées libérales, mises à l'ordre du jour par l'assemblée constituante, si contraires aux principes des colons de l'hôtel Massiac. Ogé, un de ces hommes (1), prévint ses amis et ses compatriotes de Saint-Domingue, de tout ce qui se passait en France, et leur annonça l'heureux évènement du retour de la

(1) Ogé était riche propriétaire et négociant au Cap.

justice et de leur régénération politique (1).

Plein de cette confiance que donne la conscience d'une cause juste en elle-même, et consacrée en principes par les législateurs de la mère-patrie, les colons de couleur observant toujours la conduite des colons blancs entre eux et envers le gouvernement, se réunirent, et par une pétition respectueuse mais ferme, sollicitèrent de M. de Blanchelande, gouverneur pour le Roi (2), l'exécution en leur fa-

---

(1) Je dis régénération, puisque sous l'ancien régime même, l'édit de 1685 avait déjà donné aux affranchis tous les droits dont jouissaient les autres habitans blancs des colonies, et de la France). Art: 59.

(2) François-Rouxel de Blanchelande, fils naturel du maréchal Médavi, était connu à la cour comme le plus fin et le plus adroit politique du jour; ce qui lui valut le surnom du *Renard de la politique*. Il fut envoyé à Saint-Domingue au commencement de la révolution. Ennemi par principes du nouvel ordre de choses, il réunit quelques grands propriétaires blancs, et la classe de couleur libre contre les partisans de la révolution, objet essentiel de sa mission à Saint-Domingue. Ce gouverneur, voyant avec peine une révolution qu'il ne pouvait empêcher, organisa dans les élémens de cette révolution, les moyens de la détruire, en créant une garde nationale, appelée les *Pompons blancs*, qu'il remplit de ses créatures. Ce sont ces Pompons blancs qui opérèrent la dissolution de l'assemblée géné-

veur, de la loi et des instructions du Roi, en date des 8 et 28 mars 1790. M. de Blanchelande, en adroit politique, en référa à l'assemblée provinciale du nord, et tout en promettant, mais secrètement, sa protection aux hommes de couleur, et leur assurant qu'il appuierait leurs réclamations de toute son autorité, d'un autre côté, il faisait entendre aux orateurs de l'assemblée du nord, que cette loi n'était point admissible dans la colonie ; il fit plus, il promit d'en écrire en cour, et il le fit en effet. Les bons colons blancs et les confians colons de couleur, s'en rapportant à la bonne foi du renard, furent ses dupes.

Enfin, Ogé arrive incognito au Cap, se met à la tête du parti des colons de couleur libres, et réclame hautement l'exécution de la loi qui les reconnaît hommes et Français. M. de Blanchelande, toujours conséquent dans son système politique, se rejette encore sur l'assemblée provinciale qui, dit-il, entrave ses pouvoirs et lui lie les mains. Ogé, toujours

---

rale, et fit des habitans de couleur, qu'il trompa, l'instrument de ses opérations : de sorte qu'il est vrai de dire qu'une des causes premières qui ont bouleversé Saint-Domingue, celle des révolutionnaires et antirévolutionnaires, en est une majeure.

soutenu et encouragé clandestinement, ainsi que son parti, insiste, presse, et menace d'un soulèvement des colons de couleur mécontens, dont il expose d'avance les conséquences fatales pour tout le monde (1). Enfin, Ogé, désespéré de l'injustice et de l'impolitique des grands colons blancs qui dirigent cette présomptueuse assemblée, prend les armes et se retire dans les montagnes, suivi des siens. Les blancs marchent sur lui à la Grande-Rivière; contraint de céder au grand nombre, Ogé se réfugie dans la partie espagnole, qu'il croit une terre hospitalière et protectrice; bientôt il est réclamé au président espagnol, qui le livre à M. de Blanchelande; Ogé est rompu vif au Cap.

Ce coup terrible pour la colonie et les colons de toute couleur, détruisit ce rassemblement, mais ne diminua rien des prétentions des mécontens qui, toujours encouragés par M. de Blanchelande, lequel cherchait adroitement à se ménager les deux partis, tout en

(1) Les remontrances d'Ogé à l'assemblée provinciale du nord, insérées au *Moniteur*, sont du plus grand intérêt, en ce qu'elles prophétisent tous les malheurs qui sont arrivés depuis.

les mettant aux prises l'un contre l'autre, dissimulèrent leur ressentiment.

L'assemblée provinciale, persistant toujours dans ses prétentions au pouvoir et ses mesures révolutionnaires, nous allons voir M. de Blanchelande lui susciter un ennemi plus terrible à combattre : la masse entière des esclaves. Appréciant à cette époque plus qu'aujourd'hui, l'importance de la colonie de Saint-Domingue dans la balance politique de la France, le parti anti-révolutionnaire imagina qu'un grand moyen d'empêcher la révolution de marcher, en France, était de mettre ses colonies dans l'impossibilité de continuer ses relations commerciales avec elle, et de suspendre l'envoi de ses productions autant et aussi long-temps que les évènemens l'exigeraient. Tel fut le mystère politique auquel un très-petit nombre d'habitans, grands planteurs, fut initié (1), et que Blanchelande fut chargé de mettre à exécution au besoin. En effet, les habitans de la seule colonie de Saint-Domingue lui en offri-

---

(1) Qu'on se rappelle que M. de C..., habitant dans la partie de l'ouest, et commandant militaire, arma lui-même ses nègres, et fit brûler son habitation. J'ai vu de mes yeux M. de R.... mettre le feu aux habitations Chabanon, La Chapelle et Fournier à Limonade.

rent l'occasion par leurs dissensions, leur folle prétention au pouvoir suprême; il les mit à profit pour le succès de la cause qu'il défendait (1).

Le parti des hommes de couleur éteint par la mort d'Ogé, du moins dans la partie du nord, ne lui offrant plus les moyens de distraire et occuper les législateurs provinciaux du Cap, il s'en procura dans la classe des esclaves, et organisa un parti. En conséquence, Jean-François, domestique de M. Giraud, trésorier, nègre intelligent, fut muni d'instructions nécessaires et chargé de les mettre à exécution. Le mot d'ordre était de mettre les noirs des ateliers en insurrection, et d'incendier *seulement* les cases à bagasses et les cannes. Le projet n'était pas de ruiner la colonie, mais simplement de suspendre les ressources qu'elle procurait à la France pour alimenter le commerce et la révolution, espérant faire cesser l'insurrection, dont il était l'âme, et faire rentrer les nègres dans l'ordre lorsqu'il le jugerait convenable. Toutes les mesures étant

(1) Les autres colonies ayant été plus sages, n'ont pas éprouvé les mêmes malheurs, et n'ont pas eu à lutter contre les ressources inépuisables d'une politique machiavélique.

prises, on fixa le 25 août 1790 pour l'exécution du projet; et en effet, ce jour, consacré depuis si long-temps à l'expression des vœux ardens de tous les bons Français pour leur Monarque, devint le premier jour de deuil que nous portons encore; et, depuis ce fatal instant, il y eut quatre sortes de guerres à Saint-Domingue; celle des noirs contre les blancs; celle des mulâtres contre les blancs; celle des blancs entre eux, celle des révolutionnaires et des anti-révolutionnaires, à la tête desquels était M. de Blanchelande.

Une année environ s'écoula dans cet état de choses; M. de Blanchelande avait quitté le Port-au-Prince et s'était rendu au Cap, près de l'assemblée coloniale, pour mieux la surveiller. MM. Roume, Mirbeck et Saint-Léger, commissaires pour le Roi, arrivent dans les premiers jours de novembre 1791. La nouvelle de l'acceptation de la constitution par le Roi étant parvenue à la fin de novembre à Saint-Domingue, Jean François, se disant commandant de l'armée auxiliaire de Sa Majesté, chargea Toussaint-Louverture, son secrétaire, de se rendre au Cap près de l'assemblée coloniale avec une lettre de lui, par laquelle il disait que le Roi, son maître, étant remonté sur son trône et ayant repris ses droits de Monarque, il offrait de mettre bas les armes et de faire rentrer tout son monde dans les ateliers, à la condition de cinquante libertés pour cinquante de ses officiers qu'il désignerait. M. de Mirbeck, délirant de satisfaction des propositions de Jean François, qui lui offraient les moyens de pacifier la colonie à si peu de frais, se rendit à la barre de l'assemblée, accompagné de Toussaint-Louverture. Quelles furent la réception et la réponse que fit l'assemblée provinciale à Toussaint-Louverture et à la lettre de Jean François ? Les voici textuellement :

Moniteur colonial du 7 décembre 1791.

Deux émissaires des noirs sont introduits à l'assemblée provinciale du nord ; ils présentent une lettre signée de Jean François, général ; Biasson, général ; Candide, brigadier des armées du Roi.

Nous avons eu l'honneur de vous faire parvenir une première adresse ayant pour objet d'obtenir une paix générale. Nous ignorons encore si elle a reçu l'accueil qu'elle mérite. Nous avons lu la lettre du Roi à l'assemblée nationale, en date du 13 septembre, sa proclamation sur l'acceptation de la constitution française, et le décret de l'assemblée nationale sur les colonies. Nous avons parcouru avec attention ce décret qui contient les volontés du sénat de la métropole. Nous avons aperçu dans la lettre du Roi la volonté ferme de faire exécuter les lois, de rappeler dans leur patrie tous ceux qu'un esprit de rebellion en a éloignés, et de rappeler, par le pardon, au respect des lois ceux qui ont été égarés ; enfin d'ensevelir dans un oubli sincère tout le passé. La proclamation du Roi, du 28 septembre, annonce son acceptation formelle à la constitution. On y remarque sa sollicitude paternelle pour faire jouir tous les Français du bienfait de l'égalité, et pour que tous les citoyens concourent à rétablir l'équilibre dérangé par les secousses d'une longue révolution.

Nous avons vu que la constitution n'était faite que pour la mère-patrie, et que notre colonie avait paru exiger un régime distinct ; mais elle contient des sentimens qui ne doivent pas être regardés comme des lois, mais comme des affections du cœur qui franchissent les mers, et en vertu desquelles nous devons être compris dans l'amnistie générale ; ce sera le prix de la ferme volonté où nous sommes d'exécuter les lois..... De grands malheurs ont affligé cette riche et malheureuse colonie; nous y avons été enveloppés. Aujourd'hui que nous sommes instruits des lois, et que nous ne pouvons plus douter de la volonté de la mère-patrie, nous ne nous montrerons pas réfractaires; nous sommes pénétrés de respect pour votre autorité, et remplis du désir de la paix..... Nous vous avons proposé un traité que nous avons cru acceptable; nous vous avons présenté, au nom de la colonie, les trois moyens d'y rétablir l'ordre. Le premier article de ce traité est d'une convenance absolue. Il est en effet très-important que vous et l'assemblée générale déclariez que vous vous occuperez d'adoucir le sort des esclaves; enfin nos dispositions ont pu paraître équivoques; elles ne l'ont jamais été; des circonstances malheureuses ont pu les rendre douteuses; mais un jour vous nous rendrez justice, et vous serez convaincus de notre soumission. Nous attendons impatiemment votre réponse. Du moment où vous aurez parlé, notre adhésion sera entière; le premier pas que vous ferez vers la confiance générale nous mettra à portée d'entretenir avec vous une correspondance plus suivie, et de lever les difficultés qui arrêteraient l'exécution de vos promesses. Nos généraux ont donné ordre à tous les postes de ne faire aucune attaque : nous espérons que vous en ferez autant, etc. etc. *Signé* Jean François, général; Biasson, général; Candide, brigadier des armées du Roi.

Dans la séance du 9 suivant, les mêmes émissaires se présentent et rémettent à l'assemblée provinciale du nord une seconde lettre signée des mêmes généraux, ainsi conçue :

Nous prenons la liberté, avant le terme expiré, de vous adresser, par un nouveau parlementaire, ce paquet, dont le but est de vous réitérer nos supplications pour les libertés que nous croyons indispensables pour notre sûreté, ainsi que le rétablissement des fortunes; elles ne moutent qu'à cinquante..... Par ce bienfait, dont nous conserverons un éternel souvenir, vous nous donnerez les moyens de sortir du fatal labyrinthe où nous sommes enfermés, et épargnerez des torrens de sang qui couleraient par l'obstination où sont les nègres, provenant de l'erreur où on les a plongés, relativement aux faveurs qu'on leur a mal à propos dit leur être accordées par le Roi.

Leurs chefs peuvent seuls les faire rentrer dans l'ordre, sans un carnage épouvantable, la destruction des blancs prisonniers, des femmes blanches, et enfin peut-être de notre espèce : tant de malheurs vous toucheront et vous porteront sans doute à l'indulgence ; mais si cet article de notre adresse n'était point accueilli, nous vous l'assurons avec candeur, notre désespoir serait au comble, toutes les voies nous seraient fermées : que deviendrons-nous? que deviendraient tant d'honnêtes citoyens prisonniers et femmes ?

Nous avons l'honneur, etc.

Séance du 9 décembre 1791.

« Emissaires des nègres en révolte, vous allez entendre les intentions de l'assemblée coloniale, et vous les répétrez à ceux qui vous envoient.

« L'assemblée, fondée sur la loi et par la loi, ne peut correspondre avec des gens armés contre la loi, contre toutes les lois.

« L'assemblée pourrait faire grâce à des coupables repentans et rentrés dans le devoir ; elle ne demanderait pas mieux que d'être à même de reconnaître ceux qui ont été entraînés contre leur volonté.

« Elle sait mesurer ses bontés et sa justice. Retirez-vous. »

Qu'arriva-t-il de cette étrange et inconcevable ineptie? Jean François se retira, ainsi que plusieurs de ses officiers, dans la partie espagnole où il fut fait grand d'Espagne. Toussaint-Louverture prit le commandement de son armée, sous la dénomination d'armée de la liberté ; et dès ce moment devint réellement cet homme prédit par l'abbé Raynal, qui devait briser le joug de ses semblables, les armes à la main, et défendre leur liberté. Voilà la véritable origine et l'époque de la liberté des noirs, qu'il était au pouvoir de l'assemblée provinciale du nord d'empêcher, en accordant les cinquante libertés demandées, lesquelles n'étaient, ainsi qu'il est facile de s'en convaincre, que les récompenses promises à Jean François par le parti Blanchelande, pour prix des services qu'il exigeait de lui et des siens.

Je me bornerai à rapporter ces deux traits les plus saillans de la conduite politique du général Blanchelande, pour faire connaître la cause secondaire, mais efficiente et prochaine, de l'insurrection des noirs, et prouver au petit nombre d'élus initiés aux mystérieuses opérations de ce général, que je pouvais en dire davantage. Mais mon but n'étant que de fixer l'époque et la vraie cause de la liberté éventuelle des noirs esclaves, je m'en tiendrai là.

Récapitulons maintenant les fautes des propriétaires qui ont favorisé, sans s'en douter, la conduite politique de ce général.

La première faute que firent les habitans du Cap, fut qu'au lieu de porter en triomphe l'écervelé qui vint leur annoncer la liberté, de ne pas l'avoir fait embarquer sur le champ pour la France.

La seconde fut qu'au lieu d'avoir encensé cette ridicule idole et de s'être emparé de l'autorité administrative, de ne s'être pas réuni et entendu avec le gouvernement, pour contribuer avec lui au maintien de l'ordre et de la police des ateliers, ainsi que l'ont fait les sages habitans des autres colonies; et par une inconséquence qui n'a pas de nom, d'avoir fait effacer du lieu des séances de l'assemblée coloniale, *le Roi et la Loi.*

La troisième faute est d'avoir eu la folle prétention de jouir tous seuls du fruit de ce qu'ils appelaient *la liberté*, et vouloir en priver tous les hommes de couleur et nègres libres qui y avaient des droits incontestables.

La quatrième faute est de n'avoir pas senti combien il était essentiel de s'associer la classe nombreuse et brave des hommes de couleur et nègres libres ayant les mêmes intérêts à défendre, faire cause commune et les aider à faire face aux dangers dont la colonie était menacée, en rejetant les lois et les instructions des 8 mars, 4 avril et 1er juin, sanctionnées par le Roi pour le bonheur de tous les partis, d'avoir rompus trois concordats solemnellement jurés, mais sur-tout d'avoir fait assassiner Ogé juridiquement : *Qui seminat dolores, colligit mala.*

La cinquième faute, d'un petit nombre à la vérité, est d'avoir coopéré, avec M. de Blanchelande, à l'insurrection des ateliers, de les avoir armés et fait incendier les habitations (*Voyez* la note 1). Mais la faute de tous est de n'avoir pas accueilli favorablement la proposition de Jean François, faite par Toussaint-Louverture, en accordant les cinquante libertés qu'il demandait, et de l'avoir rejetée avec autant d'orgueil que d'inconséquence (1);

(1) Par une lettre en date du 15 février 1792, les commissaires civils disaient que des calomnies atroces et de perfides conseils avaient empêché l'effet de la conférence qu'ils avaient eu avec Jean François, chef des révoltés, sur l'habitation Madeline et St.-Michel, pour faire rentrer les nègres esclaves dans leur devoir; que les gens de couleur libres et attachés à la

ces fautes étant les plus graves, je n'en pousserai pas plus loin l'énumération.

Peut-être ne sera-t-on pas fâché de voir le tableau de la colonie, peint par le Roi lui-même, à la date du 17 juin 1792, lors de l'envoi des trois autres commissaires pour remplacer les premiers, qui avaient été forcés de s'enfuir de la colonie.

Extrait du mémoire du Roi, pour servir d'instructions aux sieurs Polverel, Santhonax et Aillaud, commissaires délégués à Saint-Domingue (la date est du 17 juin 1792).

La colonie de Saint-Domingue, objet de la jalousie de toutes les nations de l'Europe, par l'étendue de son territoire et par la richesse de ses produits, n'offre plus à l'œil consterné qu'un vaste champ de désordres, de pillages, d'incendie, de carnages, de crimes et de désolation. Un *préjugé* fatal à ceux qui se sont armés pour le défendre, comme à ceux

---

cause de la colonie ont repoussé les rebelles avec un courage extraordinaire; que moins de passions de la part des colons blancs contr'eux, aurait prévenu des malheurs dont on ne pouvait plus prévoir le terme.

qui prétendent le détruire, a fait également le malheur de tous. Des premiers germes de division en ont successivement développé de nouveaux : chaque parti s'est divisé et subdivisé en différens partis, qui, se croisant et se choquant dans tous les sens, semblent ne s'accorder que pour précipiter à l'envi cette belle et florissante contrée vers sa destruction, avec une rapidité d'autant plus effrayante, que l'exemple du désordre a entraîné une grande partie des ateliers des noirs au soulèvement et à tous les excès du brigandage le plus effréné. Les hommes de couleur libres ont revendiqué les droits de l'égalité politique ; ils se sont prévalus contre les blancs, et les blancs se sont prévalus contr'eux à leur tour, de quelques lois dont ils s'opposent les dispositions diverses. Des camps se sont formés, des concordats locaux ont été passés, violés et ensuite renouvelés ; des coalitions de blancs et d'hommes de couleur se sont établies dans les campagnes contre d'autres coalitions de citoyens blancs dans les villes. Le sang des deux partis a coulé avec profusion, à la honte de l'humanité et à celle des vainqueurs ainsi que des vaincus. Toute la plaine de l'Est et du Nord a été brûlée, dévastée; on y est en guerre continuellement contre les noirs révoltés et contre les blancs qui les dirigent. Les mêmes fléaux se sont étendus plus ou moins sur toutes les parties de la colonie ; les tribunaux y sont réduits au silence ; l'autorité y est sans force ; les lois y sont sans vigueur ; les moyens de subsistance y sont rares, difficiles et précaires ; les maladies emportent ceux que le fer et la faim avait épargnés ; l'industrie reste sans action ; les cultures sont interrompues ; le commerce national et étranger se retirent de ces plages désolées ; le propriétaire, le gérent désertent leurs propres foyers ; les contributions locales ont cessé d'y être perçues ; et les frais énormes que nécessite un état de choses si déplorable, pèsent en entier aujourd'hui sur la métropole, qui n'en supportait ci-devant qu'une légère portion. De toutes parts Saint-Domingue pousse des cris gémissans vers la France ; en la conjurant de lui faire passer des secours, des forces et de l'argent.

Tel est en abrégé le tableau, malheureusement trop fidèle, de la situation présente du pays où les sieurs Polverel, Santhonax et Aillaud, commissaires nommés par le Roi pour l'exécution de la loi du 4 avril dernier, vont travailler au retour de la paix, de l'ordre et de la prospérité publique.

Signé LOUIS, et plus bas, par le ministre de la marine, COSTE.

Colons blancs! le mal était donc déjà à son comble au 17 juin 1792, puisque ce n'est que dans l'intention paternelle de réunir tous les partis et concilier leurs intérêts, que le Roi jugea convenable de vous envoyer ces trois commissaires?

C'est donc en imposer à l'opinion publique que d'attribuer les calamités auxquelles la colonie était déjà en proie avant leur arrivée, soit aux décrets de l'assemblée constituante, soit à ces commissaires?

Mais à quoi bon revenir sur les causes de nos malheurs, si ce n'est pour bien convaincre le petit nombre de tant de familles qui en ont été les victimes, qu'un vaisseau, en temps d'orage sur-tout, est mieux gouverné par un chef qui sait commander et un équipage qui ne sait qu'obéir, que si chaque matelot voulait prendre le commandement et donner des ordres à sa guise. Malheureusement l'expérience du passé est souvent perdue pour l'avenir : espérons qu'il n'en sera pas ainsi.

Oublions, s'il se peut, les malheurs qu'il n'est plus en notre pouvoir d'empêcher, mais bien de réparer. Ne nous rappelons mutuellement nos fautes et nos erreurs, que pour éviter d'en commettre d'autres, dans l'espérance que tous les partis, toutes les opinions divergentes qui ont été la conséquence nécessaire de l'ouragan politique qui a bouleversé la plus belle colonie du monde, se réuniront enfin, et se confondront dans l'intention de seconder les mesures d'un gouvernement sage, intéressé à faire disparaître la source de nos malheurs, et dont le Monarque, instruit lui-même à l'école de l'adversité, saura mieux apprécier la profondeur, et choisir les moyens curatifs convenables.

Dans la conjoncture où nous nous trouvons, à la veille de pouvoir rattacher à la couronne de Louis-le-Désiré un des fleurons que les malheurs des temps en avaient détaché ; à la veille de reconquérir nos propriétés sur des égarés qui, dans le fait, ne sont coupables que d'avoir suivi notre exemple, et avec elles les moyens de consoler nos familles des longues et pénibles privations qu'elles ont supportées avec tant de courage et de résignation ; je le répète, la chose la plus urgente, la plus impérieusement commandée par la prudence et par notre intérêt, et de laquelle seule peut dépendre tout le succès des mesures employées par le gouvernement, c'est le ralliement au même centre de tous les partis intéressés au bon ordre et au respect des propriétés et du pouvoir; c'est d'étouffer toutes les passions, tout ce qui tendrait à réveiller des vengeances qui n'auraient pour résultat que de perpétuer des haines entre des classes d'hommes qui, ayant tous les mêmes droits aux yeux de la nature et des lois, ont aussi à défendre leurs familles et leurs biens, contre ceux qui n'ont ni l'un ni l'autre.

N'oublions pas que, rendus à Saint-Domingue, nous serons sur un volcan, et que longtemps encore nous serons environnés de ses laves brûlantes, qui peuvent produire de nouveaux incendies, et perpétuer l'épouvante et la dévastation.

N'oublions pas que le seul grand moyen de coopérer aux efforts du gouvernement pour la régénération de Saint-Domingue et la nôtre, est de ne point entraver sa marche toujours salutaire, par son uniformité et par la simplicité de ses rouages politiques, ni contrarier ou critiquer ses opérations par des écrits polémiques, et plus encore par la ridicule prétention de lui donner des avis, pour ne pas dire des ordres, ainsi que nous en avons vu la triste expérience.

Renonçons enfin à ces prétentions dérisoires et privilége exclusif de colons blancs, qui ont amené les cruels déchiremens dont tous les colons blancs, jaunes et noirs, ont été et sont encore les tristes victimes. Que nos malheurs passés nous éclairent sur l'avenir, et ne désespérons pas du salut de tous les partis, quand bien même le nouveau système colonial adopté par le gouvernement, ne serait pas celui décrété par la Minerve de tel ou tel législateur colonial ou colon blanc.

N'oublions pas sur-tout, et considérons comme le palladium du bonheur futur auquel la France elle-même aspire, et dont elle a besoin, tant pour l'exportation des produits de ses manufactures, de ses grains, de ses vins, de son commerce généralement parlant, et sur-tout pour l'avantage de sa marine, que pour les intérêts de ses enfans d'outre-mer qui, pour ainsi-dire, ne sont que des fermiers, mais des fermiers intéressans de la métropole;

n'oublions pas, dis-je, que la prospérité de la France, à laquelle se trouvent liés nos propres intérêts, exige impérieusement le sacrifice du fatal et infâme préjugé de couleur qui dégradait l'humanité, et classait parmi les bêtes de somme des hommes précieux à l'Etat et à la société par leurs vertus domestiques, par les talens, l'instruction et la bravoure que la France n'a pas dédaigné de mettre en évidence, en leur confiant des emplois ou des places militaires qu'ils ont rempli avec honneur et distinction (1).

Trois partis, avons-nous dit plus haut, composant la population de Saint-Domingue, agissant chacun dans ses intérêts, ont bouleversé la colonie par leurs prétentions bien ou mal fondées : les blancs, les hommes de couleur et nègres libres, et les esclaves.

Eh bien! ces trois partis sont encore les mêmes aujourd'hui, à la vérité dans une toute autre position à l'égard les uns des autres.

Que demandent aujourd'hui les colons blancs? ou plutôt à quoi doivent-ils borner leurs désirs? Instruits et corrigés par leur propre mal-

(1) Tels que les Dumas, les Montbrun, les Chanlatte, les Castin, les Laforêt, les Rouanet, les Raymond, les Boisron, les Rigaud, les Pinchinat, etc., etc.

heur, sans doute ils n'ont et ne doivent avoir d'autre ambition raisonnable que de rentrer en jouissance des propriétés qu'ils ont été forcés d'abandonner par leur impolitique et leurs dissentions, quelque soit le régime qu'il conviendra au Roi d'établir, lequel, dans tous les cas, doit supposer de sa part la volonté et les moyens de leur procurer la tranquillité dont ils ont besoin, à la condition d'une obéissance et soumission passive à ses ordres, ce qui, selon moi, est très-facile à faire.

Que demandent les hommes dits de couleur? Ce qu'ils ont toujours réclamé en vain de la raison, de la justice et de la politique de leurs frères les blancs, de ne plus être contraints, par le tribunal du préjugé, de se rouler dans la poussière à l'aspect d'un blanc ;

De jouir paisiblement et tranquillement de leurs propriétés, sans crainte des injures et des mauvais traitemens d'un colon blanc leur voisin;

De jouir des mêmes droits civils et politiques que les colons blancs, et d'être admis comme eux dans toutes les assemblées de paroisses, pour discuter les intérêts communaux, puisqu'étant imposables comme propriétaires, ils supportent comme les propriétaires blancs les charges de l'Etat, et lui paient une contribution proportionnée à leur fortune.

Ils demandent enfin, ces colons, non moins intéressans que les autres, qu'une loi solemnelle proclame que tout homme né ou domicilié dans une colonie, et qui remplit les conditions voulues par la loi, jouisse de tous les droits qu'assure et garantit la charte constitutionnelle à tous les Français, chacun en proportion de la somme des services qu'il rend à l'Etat. *Quod æquum et justum* (1).

---

(1) Discours de MM. Raymond, Dufouchet, Saint-Réal, Poinsot, Fleuri, Lamotte, Coton, Honoré-Saint-Albert, à l'Assemblée nationale :

« Législateurs, après de longues et cruelles persécutions, il nous est permis enfin d'espérer des jours plus heureux. C'est à vous qu'il était réservé de porter un regard bienfaisant sur les colonies, pour y détruire le dernier et le plus désastreux des préjugés ; c'est à vous qu'il appartenait de régénérer les colonies par cette vérité, que le bonheur de toute société dépend de l'égalité des droits ; qu'elle seule peut établir la prospérité sur les bases éternelles de la justice. Législateurs, tous les hommes de couleur et nègres libres, vous parlent par ma voix ; ils jurent de consacrer au service de la France, au soutien des lois et de la constitution, le sang qui leur reste, après les horribles combats qu'ils ont soutenus, tantôt pour sauver leurs

Arrivons aux prétentions des esclaves; et raisonnant d'après les principes connus de tous les colons qui ont vécu avec eux, voyons ce que leur caractère, leurs mœurs, leurs habitudes, peuvent les porter à désirer (1): *la liberté*..... je ne le pense pas; un Africain sait-il d'abord ce que c'est que la liberté? hélas! le savons-nous, nous-mêmes qui en parlons depuis si long-temps? Tous nos moralistes sont-ils parvenus jusqu'à ce jour à nous donner une définition positive et claire de ce fantôme décoré du beau nom de liberté? Nous ont-ils appris en quoi elle consistait, cette liberté? de ne dépendre que de soi physiquement parlant. Je conçois en effet qu'un homme vivant dans l'état sauvage, seul, isolé au milieu d'un immense territoire, vivant aux dépens de la nature sans se donner la peine de cultiver les alimens dont il entretient son existence, jouit à la lettre de la liberté dans toute l'étendue du

---

concitoyens, tantôt pour se soustraire à leur aveugle fureur; ils jurent solemnellement d'oublier toutes les persécutions qu'ils ont éprouvées, pour ne se souvenir que du jour heureux où, par la plus sage et la plus salutaire des lois, vous rendrez la paix aux colonies, la prospérité au commerce et des citoyens à l'Etat, etc. »

(1) Je parle toujours dans l'intérêt de la masse.

mot et à l'instar des brutes. Mais l'homme appelé par les circonstances à faire partie de la société, et qui n'a d'autres moyens d'exister que ceux que lui procure son intelligence et ses bras, peut-il se flatter d'être libre, de jouir de son libre arbitre, en un mot, de ne dépendre que de lui-même? Non, sans doute; nous naissons tous plus ou moins esclaves de l'association dont nous faisons partie, et nous lui devons le tribut de nos facultés physiques et morales, pour contribuer à l'ordre et l'harmonie sans lesquels il ne peut exister de civilisation.

Plus malheureux et cent fois plus à plaindre que l'homme sauvage de l'intérieur des deux Amériques, le nègre peut-il dire qu'il est libre en Afrique, c'est-à-dire qu'il est maître de disposer de sa personne et de ses actions? Du moins, tous les voyageurs, entr'autres Robert Norris, le docteur Wadstrom, qui nous ont donné la description de leurs voyages dans l'intérieur de l'immense contrée de l'Afrique et des mœurs des nombreuses peuplades qui les habitent, nous ont-ils dit que, dans tous les royaumes où ils avaient pénétré, le peuple africain n'était aux yeux de leur Roi qu'un être intermédiaire entre l'homme et la bête.

Et Wadstrom, tout partisan qu'il est de l'abolition de la traite des nègres, à cause des larmes qu'elle coûte à l'humanité, est forcé de convenir que les Africains ne commencent à jouir des droits attachés à l'espèce humaine, que du moment qu'ils sortent d'Afrique pour être transportés dans des pays civilisés.

D'après ces considérations et une foule d'autres qu'il serait trop long de rapporter, en comparant son état primitif en Afrique avec son état actuel dans les colonies, quel motif le nègre africain peut-il avoir de désirer son indépendance, et quels moyens d'ailleurs aurait-il d'en jouir sans compromettre la sûreté publique ?

Logé, nourri, vêtu, soigné par son maître dont il excite toute la sollicitude, autant par humanité que par intérêt, et qui n'exige de lui en échange qu'un travail moins pénible que régulier, de huit heures par jour, où et comment se procurerait-il tous ces avantages, s'il venait à rompre les liens de reconnaissance qui en général attachent ces individus à leurs maîtres, pour lesquels, tant qu'ils n'ont point été mus par des impulsions étrangères, ils ont toujours eu et conservent encore aujourd'hui, pour la plupart, un sentiment de vénération comme pour leurs bienfaiteurs et leurs pères?

Non, je le répète, le nègre raisonnable ne peut vouloir son indépendance absolue; elle serait dangereuse pour lui-même; je dirai plus:

Si, par l'effet de ces aberrations d'esprit et de raisonnement dont nous avons vu tant d'exemples; si, par un excès d'amour philantropique mal entendu, un propriétaire donnait à tous ses cultivateurs africains cette inconséquente et funeste manumission, je pense qu'il serait de la prudence du gouvernement de s'y opposer, à moins que le propriétaire ne leur donnât à chacun en même temps une portion de terrain pour y fixer son domicile et subvenir à son existence.

Quoique contens d'appartenir et d'obéir à un maître, pourvu qu'il soit juste et humain, les Africains peuvent s'étourdir, il est vrai, sur leur condition d'esclaves; mais sans être trop exigeans, plus instruits par les évènemens et plus aguerris par leurs succès, ne pourraient-ils pas vous demander aujourd'hui ou par la suite, à être un peu plus rapprochés de l'espèce humaine, en les faisant jouir de quelques-uns de ses droits, conformément aux vœux de la nature et de la justice? Ce serait encore un nouveau sujet de trouble; et comme dans toute espèce de concordat d'un aussi grand intérêt, s'il y a des sacrifices à faire de part et d'autre il y a aussi des compensations, je pense qu'il vaut mieux les leur accorder plus tôt que plus tard, et se faire un mérite d'établir en leur faveur une barrière légale qui circonscrive les droits et les devoirs de chacun, de manière qu'aucune ne puisse les enfreindre à l'avenir (1).

---

(1) Après le pillage et l'incendie du Cap par le général Galbaud et son parti, le 20 juin 1793, désespérant de faire rentrer, par la force, les noirs révoltés, dans l'ordre et la subordination, le 29 août, c'est-à-dire deux mois après l'incendie, ayant reçu l'ordre de la Convention de faire mettre à exécution l'article VI du titre 1er de la constitution républicaine, le commissaire civil Sonthonax proclama la liberté légale des noirs, liberté dont ils jouissaient déjà réellement et de fait, par la force des armes et la loi du plus fort, depuis près de trois ans, et je ne crains pas de dire et de certifier, que ce n'est que par l'effet des dispositions de cette sage et bien politique proclamation que les noirs ont mis bas les armes, sont rentrés sur leurs habitations respectives, ont repris leurs travaux, et que la colonie a recommencé à faire passer en France de nouvelles productions de son territoire. Je vais rapporter les principaux articles de cette salutaire proclamation, si calomniée dans le temps,

On conçoit sans doute, et je me hâte d'en faire l'observation, que je n'entends parler que de la masse cultivatrice qui est la plus faible et encore la plus nombreuse, que la politique et l'intérêt des dominateurs maintient aujourd'hui dans une servitude plus rigoureuse qu'elle ne l'a jamais été sous la férule des blancs, ce qui nécessairement ne contribue pas peu à leur faire désirer ses anciens patrons. Les plus présomptueux ou les plus audacieux, comme il arrive par-tout, même chez les nations les plus civilisées, se sont em-

---

et dont aujourd'hui on a l'impudence de s'attribuer le mérite et les succès :-

L'article XII dit : Les revenus de chaque habitation seront partagés en trois portions égales, déduction faite des impositions, lesquelles sont prélevées sur la totalité.

XIII. Un tiers demeure à la propriété de la terre, et appartiendra au propriétaire. Il aura la jouissance de l'autre tiers pour les frais de faisance-valoir. Le tiers restant sera partagé entre les cultivateurs, de la manière qui va être fixée.

Voyez cette proclamation, tom. VI, pag. 30, des débats dans l'affaire des colonies, dont la lecture est précieuse pour tous ceux qui prennent intérêt à la chose.

parés de l'autorité et des esprits qu'ils subjuguent aujourd'hui, jouissent paisiblement, par le droit du plus fort, de l'ascendant qu'ils ont pris sur les plus faibles, des honneurs, des emplois publics ainsi que des biens, dont ils ne sont par circonstance que des usufruitiers spoliateurs, et dont le gouvernement fera justice, mais cependant avec un certain ménagement, d'après notre manière de voir.

Jusqu'à présent nous ne nous sommes occupés que des prétentions et des droits de trois parties intéressées, les blancs, les hommes de couleur et nègres libres de père et mère, et les esclaves. Et cependant, je vois encore deux autres parties qui ont aussi quelqu'intérêt à la chose, je veux dire les affranchis de toute couleur, et les hommes de toutes classes composant la force-armée des deux chefs Péthion et Christophe, dont les réclamations sont d'autant plus à considérer qu'ils peuvent les soutenir et les défendre long-temps les armes à la main.

Un affranchi, qu'il faut bien distinguer des hommes nés de père et mère libres, est, comme tout le monde sait, un esclave auquel son maître ou l'Etat a donné la liberté. A Athènes et à Rome, quoique les esclaves par leur affranchissement devinssent citoyens, ils n'étaient point admis comme *ceux qui étaient nés libres, et qu'on appelait* ingénui, *ni parmi les chevaliers, ni parmi les sénateurs*, quelques biens qu'ils eussent. Ils n'étaient associés qu'aux privilèges dont jouissaient les citoyens du commun du peuple, et n'avaient de place que dans les tribus de la ville qui étaient les moins considérés. Cependant on a vu que des empereurs non-seulement leur donnèrent l'anneau de chevaliers romains, mais leur permirent de parvenir au consulat. Rome, Athènes et Lacédémone *ne les massacraient point*, mais ils en faisaient des soldats lorsque l'Etat était en danger, et cette confiance de la mère-patrie en ses enfans naturels, en a fait autant de héros qui l'ont toujours sauvée. Eh bien! pourquoi, au dix-neuvième siècle, et chez une nation aussi civilisée que la nation française, n'en ferait-on pas autant dans l'occasion? N'avons-nous pas besoin dans les colonies d'une gendarmerie toujours active, toujours sur pieds, pour maintenir la police dans les ateliers? Et aujourd'hui plus que jamais, les habitans de Saint-Domingue peuvent-ils oublier les services que les colons de couleur ont rendu dans la gendarmerie, et peuvent encore rendre à la colonie, comme classe intermédiaire entre les colons et les ilotes?

Laissons parler M. de Blanchelande dans une de ses lettres à l'assemblée nationale:

« Les colons blancs, dit-il, sont bons pour faire un coup-de-main; mais ils sont incapables de supporter une longue fatigue. Ils ne peuvent marcher sans avoir des cuisiniers à leur suite, et il est impossible de tenter une guerre suivie avec ces Messieurs-là; tandis que les hommes de couleur, robustes, marchant pour la plupart nu pieds, vivant pendant plusieurs jours d'un peu de manioc, supportent facilement les rigueurs de la guerre. » J'espère qu'en fait de qualités militaires, on ne récusera pas M. de Blanchelande comme autorité.

La loi ne les admet point, il est vrai, à participer aux droits politiques des colons, par le seul titre de leur manumission, mais lorsqu'ils auront servi leur pays utilement pendant un laps de temps convenu, ou qu'ils auront acquis un domicile, une propriété qui les rend imposables; pourquoi ne pas les admettre au rang et à la distinction de colons comme ceux nés de père et mère libres, et réduire ainsi tous les intérêts, toutes les prétentions, et conséquemment toute la population de Saint-Domingue en deux et uniques classes, colons et ilotes?

N'étant pas du nombre de ces ames humaines et charitables qui, dans l'intérêt de la colonie et de la France dont elles paraissent très-pénétrées, pensent et donnent comme un avis salutaire de massacrer tout ce qui aura porté les armes, je pense au contraire que l'état de la colonie, dans toutes les circonstances et celles qui peuvent survenir, nécessitant une force armée coloniale composée d'hommes acclimatés (les troupes européennes ne pouvant long-temps résister à l'influence du climat de Saint-Domingue), qu'il serait très-prudent et très-politique, et sur-tout plus humain et plus avantageux à la colonie, de conserver une grande partie de ces hommes habitués déjà aux fatigues de la guerre, pour composer une armée vraiment coloniale; ceux qui d'ailleurs mériteraient la confiance du gouvernement tant par leurs principes que par les intérêts qu'ils peuvent avoir individuellement à la tranquillité publique et la subordination des ateliers, du moins dans la partie occupée par le chef Péthion, dont tous les officiers, ou presque tous, sont ou propriétaires ou devenus riches par circonstance, en feraient essentiellement partie.

Cette force armée, commandée par des officiers dévoués à l'autorité royale qu'ils reconnaîtront et à laquelle ils jureront obéissance et soumission à la première occasion, conviendrait encore, selon moi, à composer une légion dans chaque province, ainsi que nos voisins en ont établi chez eux, et dont ils se trouvent bien.

Mais arrivons au gouvernement, sixième partie intéressée dans cette affaire; et sans avoir la prétention de lui donner des avis dont il n'a pas besoin, exposons comme un simple vœu de notre part l'exécution d'une mesure à laquelle nous attachons la plus grande confiance par le succès qui doit en être le résultat, d'après la connaissance intime que j'ai du caractère des personnes et de la nature des choses.

Indépendamment de ses intérêts personnels qu'il connaît assez bien pour qu'il soit inutile de l'étourdir davantage sur l'importance reconnue depuis long-temps de la colonie de Saint-Domingue, étant en outre chargé et responsable des intérêts généraux qui lient cette colonie à la France et réciproquement, les personnes sensées admettront sans doute avec moi qu'il est essentiel que le Roi seul ait le privilége de l'initiative sur les choses et les personnes de Saint-Domingue; et puisque lui seul est chargé de la responsabilité des colonies par la charte constitutionnelle, il est juste que lui seul pèse dans sa sagesse et mette à exécution d'une main juste, mais ferme surtout, les mesures qu'il croira les plus convenables aux circonstances ainsi qu'aux intérêts de tous les partis, sans intervention d'aucun autre pouvoir colonial, quelqu'en soit la dénomination, attendu..... que les évènemens passés sont des leçons pour l'avenir : *Intelligenti pauca.*

Avant la polygarchie coloniale, Saint-Domingue n'avait-il pas un gouvernement ? Oui, je crois.

Quel était donc ce gouvernemnt sous lequel Saint-Domingue était parvenu à un si haut, si prodigieux degré de splendeur et de fortune ? N'était-ce pas celui établi par Louis XV, par son ordonnance du 24 mars 1763 (1),

(1) *Voyez* page 158 du quatrième volume du recueil des lois coloniales, par M. Moreau-de-Saint-Méry.

si je ne me trompe ? Eh bien, comme les mêmes causes doivent avoir les mêmes résultats, il faut recourir à ce gouvernement simple et paternel; et comme les désastres n'ont commencé que du moment que vous l'avez foulé aux pieds, pour ainsi dire, et que vous vous êtes emparé de son autorité, dont vous avez fait usage *in barroco*, il faut être assez sage pour profiter de la leçon un peu sévère des évènemens, et renoncer à vos puériles prétentions de lui donner un conseil composé *des membres* du comité actuel des colons propriétaires notables près le ministre de la marine (1), c'est-à-dire, une nouvelle assemblée provinciale.

Un gouverneur,
Un intendant,
Un conseil supérieur judiciaire,
Un préfet apostolique,
Une chambre d'agriculture et de commerce,

---

(1) Aimant à rendre hommage aux talens et au mérite distingué des membres de ce comité, je crois que le Souverain ne pourrait faire un meilleur choix pour la chambre d'agriculture. On eût désiré cependant qu'ils eussent été assez modestes pour ne pas se proposer eux-mêmes comme les seuls capables de composer un conseil d'état colonial.

tels sont les cinq mouvemens essentiels et organiques du régime administratif à rétablir à Saint-Domingue.

Les évènemens, dites-vous, ont amené de grands changemens dans la colonie depuis vingt-cinq ans : les hommes et les choses ne sont plus ce qu'ils étaient autrefois.

J'en conviens ; mais que conclure de là ? Qu'il faut faire rentrer les hommes dans les justes bornes établies par l'ordre social ; ce qui, pour présenter quelques difficultés, n'est pas la chose impossible ; et rétablir les choses, sinon dans leur état primitif, du moins dans une situation satisfaisante pour toutes les parties : l'un est la conséquence de l'autre.

A quel génie ou à quelle puissance humaine étiez-vous redevable de l'ordre, de la splendeur qui faisaient alors votre orgueil et votre félicité ? A ce gouvernement de 1763 qui, par ses propres forces, une surveillance continuelle et une activité sans bornes, n'éprouvait d'autre sollicitude, d'autre besoin que le bonheur que vous regrettez aujourd'hui.

Or, qui veut la même fin, doit vouloir aussi les mêmes moyens ; et s'il est vrai de dire que vous étiez heureux sous l'égide protectrice de ce gouvernement, sans que vous participassiez à ses opérations, que vous lui servissiez de conseil, et que vous n'avez cessé de l'être que parce que vous avez brisé cette égide et paralysé l'heureuse influence qu'elle avait sur les hommes et les choses; abjurez donc vos erreurs, vos vaines et orgueilleuses prétentions, *et notamment vos préjugés*. Rallions-nous tous sous l'égide tutélaire d'un Monarque qui nous a promis d'être le père et l'ami de ses sujets, et qui nous tiendra parole.

Le temps seul peut amener l'heureuse époque de la régénération coloniale après laquelle nous soupirons tous. Que d'esprits exaspérés à calmer ! que de vengeances méditées à détourner ! que d'intérêts à concilier et satisfaire ! que de précautions de sagesse et de prudence ne faut-il pas pour amener à maturité les négociations qui, pour être secrètes et lentes au gré de bien du monde, n'en sont que plus efficaces et salutaires selon moi.

Deux chefs puissans partagent aujourd'hui la domination de Saint-Domingue : Péthion et Christophe (1).

---

(1) Lors de l'arrivée de l'expédition du général Leclerc dans la colonie, on se rappelle que Toussaint-Louverture commandait en chef les trois provinces ; que les colons de toute couleur, et notamment les

Quelles que soient les dispositions et les prétentions que peuvent avoir ces deux chefs, dont le gouvernement français seul peut être instruit par des communications officielles et positives, les seules auxquelles on puisse avoir confiance, il est du moins bien certain que l'un et l'autre ont adopté des principes politiques coloniaux diamétralement opposés, et que l'un et l'autre sont en révolte, sinon réelle, du moins apparente contre la France.

Péthion, homme de couleur, né de père et mère libres, propriétaire et Français d'origine, possédant des talens militaires, de l'instruction et des mœurs estimables, Péthion avait mérité d'être distingué; et comme tel,

---

blancs, se félicitaient de son gouvernement. Obligé de céder son autorité aux forces du général Leclerc, il se soumit, et reconnut la souveraineté de la France. On se rappelle aussi qu'agissant en sens contraire du général Leclerc, le général Rochambeau, dans les derniers temps, ne fit qu'une guerre de *peau*, en autorisant des persécutions impolitiques, par cela qu'elles étaient injustes, contre les hommes de couleur et nègres libres; ce qui, joint à la rupture du traité d'Amiens, à la défection de notre armée par la mortalité et le manque de vivres, nous aliéna tous ces hommes de couleur, même ceux qui servaient dans l'armée française.

était attaché à l'état-major du général Leclerc, d'où il est passé à celui du général Rochambeau, qu'il n'a quitté, ainsi que tous les officiers généraux de couleur de l'armée, que pour se soustraire à l'extermination de sa couleur, qui devenait générale, et les menaçait de les rendre victimes comme beaucoup d'autres. (La terreur fut si grande que le général Clairveaux, homme de couleur, qui commandait les avant-postes du haut du Cap, laissa ses deux montres, ses éperons et tous ses effets pour se sauver plus promptement.) Péthion, comme les autres, furent grossir le parti qui se formait sous les ordres de Dessalines, lieutenant de Toussaint-Louverture, lequel Toussaint avait été embarqué pour France par le général Leclerc (1). Et ce parti, devenu une armée formidable, à l'aide des Anglais qu'on a distingués dans les rangs et à la tête des colonnes, est venu attaquer le Cap, et forcer le général Rochambeau à signer une capitulation qui leur a livré la colonie.

Les hommes de couleur n'aimant pas les noirs, ou du moins les hommes libres n'aimant

(1) Un brevet de gouverneur à Toussaint-Louverture aurait conservé la colonie à la France. Je ne crains pas d'être démenti.

pas les noirs esclaves, et les noirs esclaves n'aimant pas davantage tout ce qui est de couleur, ces deux classes ayant toujours été divisées de principes et d'intérêt, il était naturel de présumer que bientôt cette armée se diviserait; et en effet, après le massacre de tous les blancs, qu'une perfide confiance dans le gouvernement de Christophe avait engagés à rester, ordonné par Dessalines, qui fut assassiné lui-même par ses généraux, Péthion s'environna de tous les hommes de couleur, et Christophe de tous les noirs esclaves, et, d'un commun accord, ils se partagèrent la colonie telle qu'elle est aujourd'hui, et firent chacun un gouvernement à leur mode.

On sait, par exemple, que Péthion, mû par des principes qui se rapprochent davantage de la constitution américaine, en a adopté les dispositions, et se contente du titre modeste de *président.*

On sait que, quel que soit son gouvernement, les propriétés des personnes de toute couleur qui se présentent, sont respectées et restituées à leurs légitimes propriétaires; mais que les propriétés dont les maîtres sont absens, ce qu'ils appellent là, comme en France, *émigrés,* sont affermées pour le compte du gouvernement ou l'usufruit donné à des fonctionnaires publics pour solde de leurs honoraires (1).

On sait que, de tout temps, dans la partie de l'Ouest et du Sud, où les hommes de couleur et nègres libres sont plus nombreux que dans le Nord, le mot de *liberté* des noirs esclaves ne leur chatouille pas l'oreille; que, de tout temps, la police des ateliers y a été plus rigoureusement maintenue sous le règne de Rigaud principalement, et qu'aujourd'hui encore cette partie est dans un état florissant de commerce et d'agriculture.

On sait encore que l'orgueil étant très-exalté aux colonies, tous les hommes y possèdent une dose plus ou moins forte de cette *vertu coloniale*, si c'en est une (2), et que les hommes de couleur en ont leur portion comme les autres, ou du moins une dose d'amour

---

(1) Une personne de ma connaissance ayant des affaires d'intérêt dans la partie des Cayes, et qui en arrivait, m'a dit avoir été parfaitement accueillie; et que, faute d'argent seulement, il n'avait pu entrer en accommodement sur l'indemnité raisonnable demandée par le fermier de l'habitation.

(2) Il n'est pas jusqu'aux nègres qui mettent à orgueil d'appartenir à un blanc plutôt qu'à tout autre.

propre qui ne leur messied point, puisqu'un très-grand nombre d'entre eux le justifient; que, par suite de cet amour propre, ils aiment aussi les honneurs, les distinctions, les uniformes et les épaulettes, qui leur vont tout aussi bien qu'à d'autres.

On sait encore que, d'après la civilisation, l'instruction, les talens militaires, qui rapprochent et confondent cette classe d'hommes avec la grande famille des Français, leur amour naturel pour la mère-patrie, ils n'en sont restés isolés jusqu'à ce jour que par la constante opiniâtreté des grands planteurs à ne pas vouloir le reconnaître pour des hommes ayant les mêmes droits et les mêmes priviléges qu'eux aux yeux de la nature, de la justice et de la société.

On sait enfin, d'après eux-mêmes, que la soumission de la partie de la colonie actuellement sous leur dépendance, ne tient qu'à cette condition franchement exprimée et garantie de la part des blancs et du gouvernement. Personne ne doute que, sitôt que le pacte en sera dressé par qui de droit, et qu'ils en auront connaissance, ils ne prouvent au Roi et à la France qu'ils n'ont jamais cessé d'être Français, et ne se fassent un point d'orgueil du mérite réel d'avoir conservé et rendu à la mère-patrie la plus belle colonie du monde, qu'eux seuls sont en état de défendre.

Dans cette hypothèse vraisemblable, nous pensons aussi qu'il est de la justice, et conséquemment politique, que tous les chefs jouissent, pour prix de leur soumission et des sacrifices d'intérêts qu'ils doivent faire (car de quel droit exigerions-nous qu'ils fussent plus vertueux que nous ?), des emplois, honneurs et autres récompenses proportionnées à l'importance de l'action.

Christophe, mû par d'autres principes politiques que ceux de Péthion, s'est, dit-on, fait reconnaître roi ou empereur, ce qui revient au même, par une armée de quarante à cinquante mille hommes qui, tout en criant *vive la liberté!* en maintient peut être deux cent mille dans l'esclavage le plus rigoureux (1); et, quoiqu'il y ait plus de grandeur d'ame à descendre volontairement d'un trône qu'à y monter, je doute qu'il ait celle de descendre

---

(1) Il est hors de doute que Chrystophe, ayant besoin de moyens d'échange pour se procurer des munitions de guerre et de bouche, ainsi que d'autres objets de luxe, ne fasse cultiver les habitations qui sont les plus susceptibles de rapport.

du sien, quelques propositions avantageuses qu'on lui fasse, et qu'il ne le défende *unguibus et rostro*. Dans tous les cas, les moyens de conciliation et de persuasion n'étant jamais à négliger, pourquoi ne les emploierait-on pas? Au reste, quelles que soient ses bonnes ou mauvaises dispositions, Péthion et son parti, une fois d'intelligence avec la France, suffisent pour le convaincre que le loup a toujours tort lorsqu'il n'est pas le plus fort.

Il paraîtrait encore, d'après quelques renseignemens que l'on dit positifs, que chacun de ces deux Etats s'était divisé en plusieurs autres petits Etats ou principautés, comtés et marquisats; mais je pense que beaucoup de ces princes, comtes ou marquis, n'hésiteraient pas un moment d'échanger leurs fiefs ou dotation en quelque autre indemnité plus légale et plus durable, si on leur en faisait la proposition, et ne fissent une puissante diversion dans le parti de Christophe, ainsi que l'avait opéré le général Hédouville dans le parti de Toussaint, ce qui était plus difficile alors.

Revenons à Péthion : je ne cesserai de dire et de répéter que c'est vers lui que doivent se diriger les premières tentatives ou pourparlers et moyens de conciliation. En cas de réussite, et je n'en doute pas, Péthion nous aidera à reprendre possession du royaume de Christophe, soit par les mêmes voies de conciliation, soit par la force des armes.

Dans l'hypothèse où ni l'un ni l'autre ne voudrait accéder à un accommodement raisonnable, et s'obstinerait à rejeter toute espèce de proposition avantageuse; c'est alors seulement qu'une force armée deviendrait nécessaire; et ce ne serait pas contre Péthion qu'il faudrait diriger ses premiers efforts, mais contre la province du Nord, en évitant les fautes du général Leclerc (1), et profitant des leçons que nous a données Christophe dans la prise du Cap.

Dans l'une et l'autre hypothèse, le Roi jugera sans doute, dans sa profonde sagesse et son expérience des hommes et des choses, combien il est prudent, pour me servir des mêmes expressions de l'éloquent rapporteur, que ceux à qui seront confiées ces importantes missions, ainsi que les premiers emplois civils ou militaires, soient confiés à des mains pures, à des hommes sur-tout étrangers à tous les

(1) Bien plus encore celles du général Rochambeau. Je les indiquerai toutes, s'il est nécessaire.

partis qui ont divisé les habitans de Saint-Domingue. Et voilà précisément pourquoi il ne faudrait les confier ces fonctions importantes, qu'à des hommes qui n'ont point de propriétés dans les colonies, et conséquemment intéressés à favoriser tel ou tel parti; à des hommes inaccessibles à toute autre considération qu'à celle du bien public.

Un gouverneur, fait pour remplir les vues du Monarque et faire honneur à son choix, serait le modeste et vertueux Hédouville qui, déjà chargé des mêmes fonctions à Saint-Domingue par le directoire en 1798, était parvenu à se concilier plusieurs partis et les ramener dans les intérêts de la France (1). Mais

---

(1) Rigaud, commandant la partie du sud, fut le premier à reconnaître son autorité, en se rendant sans délai au Cap. Toussaint, dont il ne put balancer les forces, refusa de s'y rendre, l'obligea de s'embarquer précipitamment six mois après son arrivée, le dénonça au Directoire comme favorisant la rentrée des émigrés dans la colonie. Tous les partis de toute couleur, qui s'étaient ralliés au général Hédouville, furent massacrés, mitraillés et fusillés. J'en fus quitte pour trois mois de cachot, les fers aux pieds et aux mains, au bout duquel temps je fus embarqué, fait prisonnier et conduit à Boston par les Américains.

dénué de forces coërcitives suffisantes pour en imposer à Toussaint-Louverture, il fut contraint d'abandonner la place. Un autre, non moins précieux, serait le général Lavaux, estimé et redouté de nos ennemis, chéri de tous les partis, excepté peut-être de ceux qui lui ont les plus grandes obligations; sa nomination serait d'un bien grand effet à Saint-Domingue. Beaucoup d'autres généraux feraient bien et s'acquitteraient avec honneur de cette mission délicate, je n'en doute pas; mais le sage mentor pacificateur de la Vendée, ou l'incorruptible et brave général Lavaux la remplirait mieux que personne.

Nota. Colons de toutes couleurs, en désignant le pacificateur de la Vendée comme le Numa capable de ramener la colonie à la France et vous rendre le bonheur que vous avez tant de raison de regretter, si je n'eusse consulté que les droits qu'ont acquis plusieurs généraux qui ont commandé à Saint-Domingue, à la confiance du gouvernement et de la colonie, et mon affection particulière, certes, je n'aurais éprouvé que l'embarras du choix, par les services qu'ils ont rendus à la colonie dans des circonstances très-difficiles, et dont j'ai été le témoin et le coopérateur. Mais comme l'intérêt général doit l'emporter sur l'intérêt particulier et même sur des affections personnelles, j'avouerai avec cette franchise austère qui caractérise l'homme de bien passionné de cette maladie, qui donne la fièvre, dont Caton est mort (l'amour de son pays), qu'après le général Hédouville, auquel je ne pourrais comparer personne, une sage politique, l'intérêt de la France et de la colonie exigeraient peut-être que Péthion fût nommé gouverneur pour le Roi, sinon définitivement, du moins provisoirement, sauf à le continuer dans ces fonctions, ou le remplaçant en temps et lieu, selon les dispositions déterminées par le Roi sur la durée des fonctions de gouverneur.

Serait-il donc plus humiliant pour vous d'avoir pour gouverneur un homme déjà puissant par son influence physique et morale sur la colonie, par cela seul qu'il est homme de couleur; qu'il ne l'était d'être sous la domination et d'obéir aux ordres du nègre Toussaint-Louverture qui, depuis le départ du général Hédouville jusqu'à l'arrivée du général Leclerc, c'est-à-dire pendant l'espace de trois ans qu'il fut plutôt souverain que gouverneur de la colonie, fut l'objet de l'adulation la plus basse, pour ne pas dire de l'adoration ridicule des habitans blancs de la colonie, et particulièrement des habitans du Port-au-Prince (1)? A la vérité, Toussaint-Louverture protégeait les blancs, faisait respecter les propriétés, maintenait l'ordre et le travail dans les ateliers. Malheureusement Toussaint-Louverture était conduit et conseillé par des princes colons partisans de l'indépendance, et bientôt on fit paraître cette célèbre constitution coloniale, qui reconnaît Toussaint-Louverture chef suprême de Saint-Domingue, sous la protection de la république française. A certains égards on ne pouvait rien faire de mieux dans la circonstance, je l'avoue; et si au lieu d'envoyer l'expédition du général Leclerc, qui n'a produit qu'un nouvel embrasement de la colonie, on eût envoyé à

(1) Il est de notoriété que chaque fois que Toussaint-Louverture arrivait au Port-au-Prince, on allait le recevoir sous le dais pour le conduire processionnellement en musique jusqu'au gouvernement. Quelques correspondances, trouvées à l'arrivée de l'expédition du général Leclerc, ont prouvé jusqu'à quel point des personnes du sexe portaient leur fanatisme, et de quelle reconnaissance elles payaient les bonnes grâces et les faveurs de leur idole.

Toussaint-Louverture le brevet de capitaine-général, qui n'eût pas coûté si cher, cette colonie appartiendrait encore à la France. J'ai toujours pensé cette vérité, et l'ai entendue affirmer par tous les habitans de ma connaissance.

Eh bien, colons ! Péthion se trouve aujourd'hui dans la même position que Toussaint-Louverture à l'égard de la France, et bien plus favorable pour nous d'après les évènemens survenus en France, et les principes connus du gouvernement actuel. Envoyez à Péthion la loi du 4 avril, le brevet de gouverneur pour le Roi, avec la croix d'honneur, et dix mille hommes s'il vous les demande, et avant six mois Péthion fait rentrer la colonie sous la dépendance de la France, vous évitera l'embarras, l'incertitude des moyens de faire rentrer les noirs dans la subordination, sans avoir besoin de vous en mêler; et bientôt vous n'aurez d'autres soins à vous occuper qu'à vous rendre sur vos biens, jouir en bons pères de famille du bonheur commun, et mettre à profit, en hommes sages, la leçon de vos malheurs passés. Telle est l'opinion de beaucoup de personnes sensées.

(*Fin de la note.*)

En émettant le vœu de voir rétabli à Saint-Domingue le même mode de gouvernement que pour les autres colonies, c'est-à-dire celui de 1763, serait-il défendu à un ami de la chose publique, et partie intéressée au bonheur de Saint-Domingue, de citer des noms célèbres en administration coloniale, les Marbois, les Bourdons, les Daures, les Wante, tous administrateurs profonds, éclairés par une longue habitude des affaires des colonies, dont les vertus et les talens commandent la confiance et la plus haute considération? Quelque soit celui sur lequel puisse tomber le choix du Roi pour remplir les fonctions d'intendant à Saint-Domingue, ne devons-nous pas être assurés d'avance et de la pureté des intentions et du succès des opérations dont chacun de ces administrateurs a donné des preuves dans toutes les circonstances difficiles qui se sont succédées si rapidement dans la colonie?

Est-il plus difficile de trouver des magistrats dignes de l'estime et de la confiance publique pour présider et composer le conseil supérieur et judiciaire à Saint-Domingue? M. Moreau de Saint-Mery, M. de Mirbecq, M. Besson et tous les anciens membres ne sont-ils plus ces magistrats distingués environnés de la vénération publique, que tous les habitans se félicitaient de voir présider au repos des familles comme organes du souverain ? Et dans ces circonstances difficiles à établir, et plus encore à prévoir, cet aréopage, par sa sagesse et l'équité de ses décisions, ne mériterait-il pas une préférence, comme conseil du gouvernement, dans le cas seulement où le gouverneur et l'intendant croiraient avoir besoin de s'entourer de ses lumières ? C'est du moins une des dispositions de l'ordonnance de 1763, qui touche au but et satisfait les convenances tout à la fois.

Tous les hommes, et plus particulièrement les hommes de Saint-Domingue, ayant besoin des consolations et des bons exemples que peut seule donner la religion, je n'aurai pas de peine à persuader sans doute l'influence qu'elle doit avoir dans l'état actuel des choses, et plus que jamais, sur tant d'esprits égarés, que les bons exemples, l'amour de l'humanité et les exhortations à la vertu peuvent ramener plus efficacement que les menaces et les châtimens. Il est, sans doute, d'un intérêt majeur que les ministres de cette religion simple et consolante sentent et soient bien pénétrés de l'importance des fonctions de leur ministère dans la circonstance présente, lesquelles ne doivent être confiées qu'à des hommes riches d'estime et de vertus. Un préfet apostolique, mais bien choisi, serait à mon avis une autorité spirituelle seulement, mais essentielle pour la police ecclésiastique et la surveillance des mœurs et de la conduite des curés, qui n'ont pas toujours été très-édifiantes dans les colonies, et qui ont tant besoin de l'être.

D'après les anciennes lois civiles sur Saint-Domingue, il existait une chambre d'agriculture et de commerce : les considérations qui ont engagé le gouvernement à l'établir étant encore les mêmes aujourd'hui, je pense qu'il serait sage et politique de la rétablir. Elle serait composée de neuf membres pris par égal nombre dans chacune des trois provinces du Nord, de l'Ouest et du Sud, lesquels seraient désignés par les administrateurs et brevetés par le Roi. Les colons propriétaires, de toutes couleurs, ayant des talens en agriculture et commerce, ou des notions positives dans les arts et manufactures, et notamment des connaissances locales acquises par cinq ans de domicile au moins, et résidant sur les lieux, auraient une préférence.

Les fonctions de ce comité, toujours résidant près le gouvernement, seraient d'instruire et d'éclairer les habitans propriétaires sur leurs véritables intérets de culture, sur les moyens de remplacer une culture par une autre, en tirant le meilleur parti possible d'un bien ruiné ; d'appliquer la charrue à la culture de la canne et de l'indigo ; donner des conseils enfin et des avis éclairés par l'expérience et l'étude à tous ceux qui en demanderaient, même au gouvernement s'il en avait besoin, dans certains cas, de sa compétence. Cette chambre d'agriculture réunissant encore les attributions et fonctions de conseil de salubrité, dont on conviendra de l'importance à Saint-Domingue, il conviendrait d'attacher un traitement de 6,000 francs pour chaque membre, *sans uniforme ni épaulettes.* Ce traitement me semble assez beau pour être assuré qu'il se présenterait beaucoup de candidats qui brigueraient l'honneur d'en faire partie, quoique ne portant point d'uniforme bleu à parement écarlate.

Aimant à rendre hommage aux talens distingués, autant qu'à la justice et à la vérité, nous nous plaisons à convenir que nous ne connaissons personne plus capable de remplir ces fonctions plus importantes qu'on ne pense, du moins dans ma manière de voir, que quelques-uns des membres du comité actuel des colons, propriétaires notables près le ministre de la marine, par leur longue expérience en agriculture coloniale et les talens distingués dont ils ont fait preuve.

Des mille et un projets mis au jour et proposés pour la reprise de possession et la prompte restauration de Saint-Domingue, il en est deux dignes de remarque et de réflexions.

Le premier est un conseil de gouvernement et d'administration, composé de douze membres et de douze adjoints, lesquels membres ont un traitement de 20,000 francs, et les adjoints de 10,000 francs; total 360,000 francs, sans compter les émolumens des secrétaires-rédacteurs et autres frais de bureau, etc., etc., et en outre des honneurs, des distinctions et le costume d'officiers-généraux qu'on ne dit pas devoir être aux frais du gouvernement.

Le second projet est l'établissement d'une banque coloniale, régie et administrée par les colons seuls, dont le capital serait de 800,000,000 francs, garanti par toutes les possessions immobiliaires de la partie française de la colonie, ruinées ou non ruinées.

Etant établi en principe par la chartre constitutionnelle, que les possessions françaises d'outre-mer sont régies par des lois particulières non soumises aux mêmes formalités que celles de France, il en résulte la conséquence que le Roi a l'initiative absolue pour l'administration des colonies, et doit seul en régler le régime intérieur et extérieur. A-t-il besoin de conseil pour cela? Non. Les anciens élémens sont là; il suffit de les faire revivre; et dans tous les cas l'administration de la marine est là pour lui servir de conseil au besoin.

Mais dans la colonie il paraît indispensable, dites-vous, que le général et l'intendant soient aidés dans leurs fonctions par une réunion d'anciens colons, comme conseil du gouvernement. Je dis encore non, parce que le général et l'intendant, ainsi que tous les autres fonctionnaires publics, partiront de France avec des instructions toutes faites, lesquelles devront être mises à exécution, nonobstant tous conseils contraires.

Je dis non, parce que les administrateurs doivent être libres de demander des avis à tous ceux qu'ils croiront capables de leur en donner de bons et de désintéressés, qu'ils soient ou non porteurs d'épaulettes et d'habits bleus, et sans qu'il en coûte 360,000 fr. à la colonie.

Je dis non, parce que les administrateurs de la colonie, seuls chargés d'une très-grande responsabilité, ne peuvent ni ne doivent la compromettre en consentant à partager leur autorité avec un conseil d'office, qui pourrait bien ne pas être solidaire en cas d'évènement.

Je dis non, car il ne peut exister à Saint-Domingue deux corps délibérans : or, comme le corps délibérant, qui est le Roi, est en France, il ne faut qu'un pouvoir exécutif et sévère dans la colonie.

Je dis non, enfin, parce que le parlement de France laissant au Roi le privilège de l'initiative pour les affaires des colonies, il serait hors des convenances qu'une troisième assemblée coloniale, quoique composée de tout ce que la colonie renferme de plus notable, vienne encore entraver la marche du gouvernement, en contrariant ses opérations.

Une banque à Saint-Domingue ne me paraît pas mieux fondée en principes, du moins dans l'intérêt général, d'après le mode proposé.

Toutes les possessions immobiliaires seraient le gage des opérations de la banque, c'est-à-dire, en termes plus doux, qu'il serait établi à Saint-Domingue une compagnie hollandaise ou anglaise, qui disposerait des revenus de tous les habitans sans exception, débiteurs ou non débiteurs, laborieux ou fainéans, riches ou ruinés même avant la révolution, pour l'emploi en être fait au plus grand avantage des spéculations et intérêts des agens.

Serait-il juste, par exemple, de grever de solidarité l'habitation d'un propriétaire économe et laborieux, qui ne doit rien à personne, en s'emparant du fruit de ses fatigues et de son activité, et le forçant de payer les dettes immenses de tel ou tel, contractées au jeu ou pour d'autres dépenses aussi déraisonnables ?

La seule, la véritable banque de Saint-Domingue et des colonies en général, ce sont les maisons de commerce de toutes nos villes maritimes de France. Rendus à Saint-Domingue, contribuez à rétablir et maintenir le bon ordre et le travail; toutes les places de commerce éprouvant autant d'impatience de recouvrer les avances qu'elles vous ont faites dans des temps plus heureux, que vous pouvez en éprouver de jouir de vos biens, se trouveront intéressées à vous en faire de nouvelles, et viendront à votre secours, comme des créanciers honnêtes viennent au secours d'un débiteur malheureux par des évènemens indépendans de sa conduite et de sa bonne foi. D'un autre côté, par-tout où il se trouve à gagner, il se trouve aussi des capitalistes spéculateurs; laissez faire le commerce, remplissez fidèlement vos nouveaux engagemens avec lui, il saura se procurer les fonds nécessaires pour vous seconder vos premiers efforts, et satisfaire à vos premiers besoins.

Que le gouvernement ou toute autre société financière, confiant dans la nature et le produit antérieur de vos biens, ainsi que dans votre conduite et votre bonne administration, vous procure des fonds ou des moyens aratoires, *bene sit*, mais que vous seuls en soyez garans et responsables, et que chacun soit libre de ses engagemens comme de ses folies.

Que la loi du 16 fructidor an X, qui est expirée, soit prorogée pour dix ans, je conviens que c'est une injustice, quoique bien persuadé que cinq ans suffisent à la colonie pour renaître de ses cendres avec tout son ancien éclat de prospérité; mais dans les dix ans de privilége dont vous jouirez, vous contracterez de nouvelles dettes à ajouter aux anciennes, par des reconstructions fastueuses de vos palais à sucre, par l'orgueilleuse ambition de convertir une malheureuse chocolatière en une sucrerie, pour vous pavaner du titre de grand planteur.

Deux fois la ville du Cap a été incendiée, et la plaine le fut à plusieurs reprises. Eh bien! le gouvernement a-t-il eu besoin de venir au secours des propriétaires pour rebâtir leurs maisons et rétablir les habitations presque spontanément? Après l'incendie du 20 juin, j'ai reconstruit une maison; après celui de l'expédition j'en ai rebâti une autre, monté une guildive, rétabli une sucrerie au quartier Maurin, sans autre secours que mon crédit et la confiance que mes fournisseurs avaient en ma bonne foi en affaires. Beaucoup d'autres ont fait de même, et n'ont pas eu plus besoin que moi d'une banque coloniale.

Sagesse, soumission et obéissance de la part des habitans; justice et protection de la part du gouvernement, c'est tout ce qu'il faut à Saint-Domingue pour couvrir les mers de ses immenses productions dans cinq ans.

Un honorable membre de la chambre des pairs de France, dit, et telle est aussi mon intime persuasion, que, d'après des nouvelles récentes et authentiques, des personnes qui ont parcouru les trois province de Saint-Domingue, y ont trouvé d'immenses plantations de café en bon état, la culture de la canne rétablie en plusieurs endroits, et conséquemment des sucreries en rapport et roulantes; qu'en général elles ont trouvé les nègres nuds et misérables, dégoûtés de cette liberté illusoire, c'est-à-dire du mot, qui ne leur a causé que des maux, en exprimant le désir de retourner sous un gouvernement paternel et tutélaire; il aurait pu ajouter, et sous l'autorité de leurs anciens et légitimes maîtres.

Que dans la province du nord, une misère encore plus affreuse caractérisait le régime rigoureux de Christophe, auquel ils sont soumis.

D'après ces documens qui paraissent certains, et de la vérité desquels je suis pénétré, les ateliers ne sont donc pas libres puisqu'ils sont conduits avec tant de rigueur? Esclavage pour esclavage, les hommes, à tout prendre, préféreraient donc encore celui des blancs, et ne tarderaient point à se joindre à eux contre l'ennemi commun, leur féroce et sanguinaire oppresseur.

Tous les noirs de Saint-Domingue ne sont donc point sous les armes, puisqu'il y a un si grand nombre d'ateliers en activité. Combien de ces mêmes hommes armés, plus ou moins marquans, feront une diversion puissante en votre faveur, s'ils entendent proférer les noms révérés d'Hédouville ou Lavaux ?

Non, la cause de Saint-Domingue n'est point désespérée. Si j'en crois mes pressentimens fondés sur la connaissance profonde que j'ai des principes et des intérêts des deux classes d'hommes qu'il nous importe tant de nous concilier, la classe prépondérante aujourd'hui, n'attend vraisemblablament, de la part de la France et des colons blancs, que la promesse et l'exécution franche d'un pacte fraternel, basé sur les dispositions de la loi du 4 avril, pour jurer obéissance et soumission, comme l'ont fait tous les Français d'Europe à Louis-le-Désiré, qu'ils aiment et révèrent autant que nous.

Attendons avec calme et patience le résultat des mesures projetées, ou peut-être déjà mises à exécution par un Monarque intéressé au bonheur de ses sujets, puisqu'il veut en être le père; et rappelons-nous que le temps, ce grand maître, vient souvent à bout lui seul d'opérer ce que toute la puissance humaine n'oserait entreprendre.

Qu'il me soit permis de vous rappeler, avant de finir, un conseil que donnait Jean-Jacques aux Génevois divisés, comme vous, pour des chimères.

Mais sur-tout réunissez-vous tous, vous êtes perdus sans ressource si vous restez divisés. Et pourquoi le seriez-vous, quand de si grands intérêts communs vous unissent? Comment, dans un pareil danger, la basse jalousie, l'orgueil et les petites passions osent-elles se faire entendre? Valent-elles qu'on les contente à si haut prix? et faudra-t-il que vos enfans disent un jour en pleurant leurs malheurs : Voilà le fruit de l'orgueil et des dissentions de nos pères? En un mot, il s'agit moins ici de délibérations et de distinctions que de concorde et de justice. Le choix du parti que vous prendrez n'est pas la plus grande affaire; fût-il mauvais en lui-même, prenez-le tous ensemble; par cela seul il deviendra le meilleur, et vous ferez toujours ce qu'il faut faire, pourvu que vous le fassiez de concert.

Régime intérieur de Saint-Domingue.

ARTICLE Ier. Conformément aux anciennes constitutions françaises, et notamment à la charte constitutionnelle du 4 juin 1814,

Les colonies et possessions françaises généralement quelconque, situées en Asie, en Afrique et en Amérique, quoique faisant partie intégrante de l'empire français, seront régies par des lois et règlemens particuliers, émanés de la seule autorité du Roi, comme ayant l'initiative absolue.

II. Les droits civils et naturels de tous les hommes nationaux ou étrangers domiciliés dans les colonies, sans distinction de couleur ni d'état, sont absolument les mêmes que ceux des Français domiciliés en France, consacrés et reconnus par la charte constitutionnelle.

Quant aux droits politiques, la nature du climat, la différence des caractères, des mœurs, des usages et habitudes naturelles des divers individus qui composent la population des colonies en général et en particulier de Saint-Domingue ; le genre de travaux et de productions dont les colonies sont seules susceptibles, et beaucoup d'autres considérations importantes ne permettent pas encore d'admettre indistinctement tous les hommes de Saint-Domingue à en jouir. Il est convenable aux intérêts et au bonheur de tous, de diviser la population de Saint-Domingue en deux classes, sous la dénomination de *colons* et d'*engagés* ou *ilotes.*

III. La première classe, celle des colons, comprendra, sans distinction de couleur ni d'état, tous les propriétaires fonciers, tous les imposables et contribuables, à quelque titre que ce soit; les hommes jouissant déjà ou devant jouir de tous les droits politiques au 14 septembre 1791, ou qui depuis auront été appelés à en jouir d'après les formes légales, lesquels jouiront du droit et privilége de voter dans les assemblées de paroisse, de discuter les intérêts communaux, la répartition des impôts, et d'occuper des charges publiques selon leurs talens et leur bonne conduite, s'ils remplissent d'ailleurs les conditions exigibles par les dispositions du code civil.

IV. La seconde classe, celle des engagés ou ilotes, composée des cultivateurs, artisans ou domestiques, reconnus jusqu'à la même époque 14 septembre 1791, sous l'ancienne dénomination d'*esclaves*, ne pouvant donner à l'Etat et à la société, une garantie suffisante et nécessaire de leur bonne conduite et des droits qui ne peuvent être accordés qu'à des hommes ayant un domicile fixe, possédant une propriété, ou vivant d'une industrie utile à la société et payant une contribution, jouiront des droits que donnent la nature, la liberté civile, mais en continuant d'être sous la police domestique et paternelle de leurs ci-devant maîtres, lesquels seront chargés de surveiller personnellement leur conduite, et répondront d'eux au gouvernement.

En conséquence, tous les individus reconnus pour appartenir à la classe ci-dessus, seront tenus de rentrer dans les habitations respectives sur lesquelles ils avaient leur domicile à l'époque du 25 août 1790, ainsi que chez leurs ci-devant maîtres ou leurs représentans, auxquels ils continueront d'appartenir comme engagés, de leur porter le respect et l'obéissance que des enfans adoptifs doivent à l'homme bienfaisant qui, devenant leur père, s'occupe pour eux de tous leurs besoins, devient leur appui et les fait jouir des douceurs de la société et de la protection des lois, sous peine d'être considérés comme des hommes errans et vagabonds, dès-lors nuisibles à la tranquillité publique, et conséquemment susceptibles d'encourir les châtimens et punitions déterminés par les lois de police et d'agriculture qui interviendront à cet égard.

V. Tous les hommes maintenant sous les armes et composant des corps réguliers, sont exceptés de la présente disposition, le Roi se réservant de prononcer ultérieurement sur leur sort, en les appelant à composer la force-armée nécessaire au maintien du bon ordre et de la police dans l'intérieur, ainsi que pour la défense extérieure de la colonie.

VI. Tout engagé aura la faculté de s'affranchir de la servitude, en payant à son patron un prix dont il sera convenu entr'eux à l'amiable, par devant le juge de paix de la paroisse, qui ne dressera l'acte de manumission qu'après en avoir obtenu l'autorisation de l'intendant, auquel il rendra compte de la demande et des accords des deux parties, ainsi que des observations respectives des contractans.

VII. Le titre de *colon*, et conséquemment la jouissance des droits politiques, étant exclusivement réservés au gouvernement, il n'en sera donné à l'avenir qu'à titre de récompense aux engagés de tout âge et de tout sexe, d'après la demande qui en sera faite par le patron légitime au juge de paix de la paroisse, qui en réfèrera, comme il est dit ci-dessus, à l'intendant, lequel appréciera la validité de la demande, et autorisera le juge de paix à passer l'acte de manumission, s'il le juge convenable aux intérêts de la partie publique. Ledit intendant pourra encore, au nom du gouvernement, donner la manumission et accorder les droits de colon à tout individu dont la bonne conduite et les services rendus à l'Etat ou à la colonie auront mérité cette récompense ; et, dans tous les cas, l'acte de manumission sera enregistré par l'officier civil de la paroisse, en marge de l'acte de naissance dudit engagé.

VIII. Tous les enfans noirs nés depuis le 25 août 1790, et qui naîtront à l'avenir d'une engagée noire appartenant à un établissement ou un patron quelconque, suivront la condition et rempliront les mêmes devoirs et obligations que leur mère, envers le propriétaire dudit établissement ou patron, quand bien même la mère parviendrait par la suite à mériter et obtenir sa manumission, conformément aux anciens réglemens à cet égard.

IX. Tous les enfans procréés d'une mère

noire engagée et d'un blanc (connu autrefois sous la dénomination de *mulâtre*), depuis la même époque, 25 août 1790, suivront également la condition de leur mère.

Les garçons jusqu'à l'âge de quinze ans, et les filles jusqu'à l'âge de vingt-un ans accomplis. Leur acte de naissance, légalement inscrit sur les registres de l'officier civil de la paroisse, leur servira de titre légal pour obtenir leur manumission, qui sera prononcée, conformément à l'article VII ci-dessus, par le juge de paix, lequel renverra l'impétrant à la disposition du gouvernement, comme conscrit devant être incorporé dans une des trois légions militaires à établir dans chaque province de la colonie.

Quant aux femmes affranchies, elles seront libres de disposer de leur personne, ou de rester chez leurs patrons comme domestiques à gages; l'engagement ne pourra être moindre d'un an : pour raison de quoi elles seront astreintes à se pourvoir d'un livret de l'officier de police de la commune, ainsi qu'il est pratiqué en France pour le service domestique.

X. En conséquence, tous les hommes et femmes dits *de couleur*, qui auront atteint l'âge respectif de quinze ans pour les uns et vingt-un pour les autres, le jour de la promulgation de la présente loi, sont déclarés et reconnus affranchis et libres, aux conditions prescrites par l'article VII ci-dessus.

XI. Indépendamment de la force armée entretenue par le gouvernement à Saint-Domingue, tous les colons indistinctement, et fils de colons ayant atteint l'âge de quinze ans, seront tenus de servir dans la garde nationale de leur paroisse respective, jusqu'à l'âge de cinquante ans, au bout de trois mois de séjour dans la colonie, et pendant tout le temps qu'ils y fixeront leur résidence.

XII. Etant nécessaire de pourvoir au maintien du bon ordre et à la repression du vagabondage, il sera établi dans chacune des trois provinces du Nord, de l'Ouest et du Sud, une légion dite *de police*, composée de tous les affranchis mis à la disposition du gouvernement, des hommes qui se trouvent armés en ce moment, ou du moins de ceux qui en seront jugés capables, et de tous ceux qui voudront y prendre du service, lesquels seront libres de se retirer au bout de dix ans, s'ils le jugent à propos, mais pas avant.

XIII. L'intention du gouvernement et une politique sage étant d'accorder des récompenses à toutes les classes d'hommes qui concourent par leurs efforts et les bons exemples au bien de la colonie, il sera établi une médaille en argent (de la grandeur d'une pièce d'un franc) portant, d'un côté, l'effigie de Louis XVIII, et de l'autre, une fleur de lis, avec cet exergue : *Honneur au travail*, ou bien : *La colonie reconnaissante*. Le ruban serait vert.

XIV. Le rétablissement de l'ordre, l'intérêt des cultures et celui du commerce national, dépendant principalement et essentiellement de la présence des propriétaires sur leurs biens, tous les propriétaires et autres, habituellement domiciliés à Saint-Domingue, seront tenus de s'y rendre au premier ordre qu'ils en recevront, à peine de rester sous le sequestre et la régie du domaine pendant toute la durée du bail qui pourrait être passé de leurs biens. (Article Ier de la loi du 16 fructidor an 10.)

XV. Les administrateurs seront autorisés à accorder, *à titre de prêt, à tous les propriétaires cultivateurs seulement*, dont les habitations auraient été dévastées, des secours pécuniaires, ou autres moyens de soulagement et de culture, remboursables sur le tiers du produit des premières récoltes. Et, dans le cas où la situation du trésor public colonial ne permettrait pas d'accorder sur le champ les divers secours demandés, les administrateurs feront dresser des états des avances qu'ils croiront nécessaires pour rétablir la culture : ces états seront mis par le Roi sous les yeux de la chambre des communes, au désir des art. XII et XIII de la loi du 4 avril 1792. Les vrais colons étant d'honnêtes et laborieux planteurs, qui font fleurir l'agriculture et vivent au milieu de leurs ateliers, comme des pères au milieu de leurs enfans, ces hommes vraiment utiles à la patrie, et les seuls dignes de participer aux secours et bienfaits d'un gouvernement paternel et réparateur, auront un droit de préférence, dans la répartition des fonds mis à la disposition des administrateurs de la colonie. (Art. 83 de la loi du 12 nivôse an 7, qui est de toute justice.)

XVI. La loi du 6 septembre sur les créances de Saint-Domingue étant expirée, ses dispositions seront prorogées jusqu'au 1er janvier 1820, mais uniquement pour les habitans dont les biens auraient été dévastés.

XVII. Il sera fait un code d'agriculture et de police rurale, qui déterminera les droits et les devoirs des propriétaires et des engagés, et réciproquement, dont on prendra des élémens précieux à conserver dans la proclamation en forme de réglement, du commissaire Santhonax, du 29 août 1793, relativement à la police et au salaire des noirs (débats des colonies, tome 6, page 50), et dans une autre relative au mode de fermage en faveur du gouvernement, des biens abandonnés et non représentés.

XVIII. Le Roi sera supplié de convoquer, à Paris, un conseil privé de vingt-cinq membres nommés par Sa Majesté, dont un tiers serait pris dans la classe des colons négocians de Bordeaux, de Marseille, de Nantes, de la Rochelle, de Baïonne, du Hâvre, de Dunkerque et de Nantes; un tiers dans les anciens administrateurs de Saint-Domingue, et l'autre tiers dans les habitans de toute couleur notables, grands ou petits planteurs de la colonie, mais connus par leurs principes de sagesse et de modération. Ce conseil, composé de vingt-quatre membres, et présidé par un commissaire du Roi, se concertant et se communiquant leurs idées, éclairées par une sage discussion, sur les véritables intérêts de la colonie et de la métropole, fixerait enfin et confondrait toutes les opinions en une seule, dont le Père des Français ferait l'usage que sa sollicitude paternelle dicterait à son cœur.

Régime administratif de Saint-Domingue.

Les colonies ayant un intérêt trop diamétralement opposé à celui de la France, et étant trop éloignées de la métropole pour avoir le même régime administratif,

L'ordonnance du 24 mars 1763 sera remise en vigueur, comme avant les troubles de Saint-Domingue.

En conséquence, il sera nommé :

Un gouverneur pour le Roi,

Un intendant général,

Un conseil supérieur, judiciaire,

Un préfet apostolique,

Et une chambre d'agriculture, dont les fonctions et les attributions auront pour base et pour élémens ceux établis par le réglement du 24 mars précité, sauf les modifications qui seront jugées nécessaires et indispensables.

. . . . Et nos
Consilium dedimus. . . . .

FIN.

Etant assez difficile de se procurer la lecture de la proclamation du commissaire Sonthonax, du 29 août 1793, dont on a dit tant de mal, et dont le mérite est tellement reconnu aujourd'hui, que quelques écrivains du jour s'en donnent les gants, et que beaucoup de personnes désirent la connaître; j'ai cédé avec d'autant plus de plaisir à l'invitation qui m'a été faite de l'ajouter à ma brochure sur Saint-Domingue, que j'ai la certitude qu'encore aujourd'hui ce règlement est en pleine vigueur dans cette colonie pour la police des ateliers, les dominateurs actuels n'ayant pas cru devoir rien changer de ses dispositions prudentes et politiques tout à-la-fois.

Voici ce règlement dans son entier, et dont nous avons parlé page 44.

Article premier.

La déclaration des droits de l'homme et du citoyen sera imprimée, publiée et affichée par-tout où besoin sera, à la diligence des municipalités, dans les villes et bourgs, et des commandans militaires dans les camps et postes.

II. Tous les nègres et sang-mêlés, actuellement dans l'esclavage, sont déclarés libres pour jouir de tous les droits attachés à la qualité de citoyen Français ; ils seront cependant assujettis à un régime dont les dispositions sont contenues dans les articles suivans.

III. Tous les ci-devant esclaves iront se faire inscrire, eux, leurs femmes et leurs enfans, à la municipalité du lieu de leur domicile, où ils recevront leur billet de citoyen Français, signé du commissaire civil.

IV. La formule de ces billets sera déterminée par nous ; ils seront imprimés et envoyés aux municipalités, à la diligence de l'ordonnateur civil.

V. Les domestiques des deux sexes ne pourront être engagés au service de leurs maîtres ou maîtresses que pour trois mois, et ce, moyennant le salaire qui sera fixé entre eux de gré à gré.

VI. Les ci-devant esclaves domestiques,

attachés aux vieillards au-dessus de soixante ans, aux infirmes, aux nourrissons et aux enfans au-dessous de dix ans, ne seront point libres de les quitter. Leur salaire demeure fixé à une portugaise par mois pour les nourrices, et six portugaises par an pour les autres, sans distinction de sexe.

VII. Les salaires des domestiques seront exigibles tous les trois mois.

VIII. Ceux des ouvriers, dans quelque genre que ce soit, seront fixés de gré à gré avec les entrepreneurs qui les emploieront.

IX. Les nègres actuellement attachés aux habitations de leurs anciens maîtres, seront tenus d'y rester; ils seront employés à la culture de la terre.

X. Les guerriers enrôlés qui servent dans les camps ou dans les garnisons, pourront se fixer sur les habitations, en s'adonnant à la culture, et obtenant préalablement un congé de leur chef, ou un ordre de nous, qui ne pourront leur être délivrés qu'en se faisant remplacer par un homme de bonne volonté.

XI. Les ci-devant esclaves cultivateurs seront engagés pour un an, pendant lequel temps ils ne pourront changer d'habitation que sur une permission des juges de paix, dont il sera parlé ci-après, et dans les cas qui seront par nous déterminés.

XII. Les revenus de chaque habitation seront partagés en trois portions égales, déduction faite des impositions, lesquelles seront prélevées sur la totalité.

Un tiers demeure affecté à la propriété de la terre, et appartiendra au propriétaire. Il aura la jouissance d'un autre tiers pour les frais de fesance-valoir; le tiers restant sera partagé entre les cultivateurs de la manière qui va être fixée.

XIII. Dans les frais de fesance-valoir sont compris les frais quelconques d'exploitation, les outils, les animaux nécessaires à la culture et au transport des denrées, la construction et l'entretien des bâtimens, les frais de l'hôpital, des chirurgiens et gérans.

XIV. Dans le tiers du revenu appartenant aux cultivateurs, les commandeurs, qui seront désormais appelés *conducteurs de travaux*, auront trois parts.

XV. Les sous-conducteurs recevront deux parts, de même que ceux qui seront employés à la fabrication du sucre et de l'indigo.

XVI. Les autres cultivateurs, à quinze ans et au-dessus, auront chacun une part.

XVII. Les femmes, à quinze ans et au-dessus, auront deux tiers de part.

XVIII. Depuis dix ans jusqu'à quinze, les enfans des deux sexes auront demi-part.

XIX. Les cultivateurs auront en outre leurs places à vivres ; elles seront réparties équitablement entre chaque famille, eu égard à la qualité de la terre et à la qualité qu'il convient d'accorder.

XX. Les mères de familles qui auront un ou plusieurs enfans au-dessous de dix ans, recevront part entière. Jusqu'audit âge, les enfans resteront à la charge de leurs parens pour la nourriture et l'habillement.

XXI. Depuis l'âge de dix ans à celui de quinze, les enfans ne pourront être employés qu'à la garde des animaux ou à ramasser et trier du café et du coton.

XXII. Les vieillards et les infirmes seront

nourris par leur parens. Les vêtemens et les médicamens seront à la charge du propriétaire.

XXIII. Les denrées seront partagées à chaque livraison entre le propriétaire et le cultivateur, en nature ou en argent au prix du cours, au choix du propriétaire : en cas de partage en nature, celui-ci sera tenu de faire conduire à l'embarcadaire le plus voisin, la portion des cultivateurs.

XXIV. Il sera établi dans chaque commune un juge de paix et deux assesseurs dont les fonctions seront de prononcer sur les différends entre le propriétaire et les cultivateurs, et de ces derniers entr'eux, relativement à la division de leur portion dans le revenu : ils veilleront à ce que les cultivateurs soient bien soignés dans leurs maladies, à ce que tous travaillent également, et ils maintiendront l'ordre dans les ateliers.

XXV. Les propriétaires, fermiers ou gérans sont tenus d'avoir un registre paraphé par la municipalité du lieu, sur lequel sera inscrit la quantité de chaque livraison de denrées, et de régler la répartition du tiers revenant aux cultivateurs : cette répartition sera vérifiée par l'inspecteur de la paroisse et arrêtée par lui définitivement.

Le juge de paix sera tenu d'avoir un double du registre tenu par chaque gérant ou propriétaire, et de le présenter à l'inspecteur-général toutes les fois qu'il en sera requis : il en sera de même des propriétaires et gérans à l'égard des juges de paix et de l'inspecteur-général.

XXVI. L'inspecteur-général de la province du Nord sera chargé d'inspecter toutes les habitations, de prendre auprès des juges de paix tous les renseignemens possibles sur la police et la discipline des ateliers, et de nous en rendre compte, ainsi qu'au gouverneur général et à l'ordonnateur civil. Il sera en tournée au moins vingt jours du mois.

XXVII. La correction du fouet est absolument supprimée; elle sera remplacée, pour les fautes contre la discipline, par la barre pour un, deux ou trois jours, suivant l'exigence du cas. La plus forte peine sera la perte d'une partie ou de la totalité des salaires; elle sera prononcée par le juge de paix et ses assesseurs;

la portion de celui ou de ceux qui en seront privés accroîtra au profit de l'atelier.

XXVIII. A l'égard des délits civils, les ci-devant esclaves seront jugés comme les autres citoyens français.

XXIX. Les cultivateurs ne pourront être contraints de travailler le dimanche : il leur sera laissé deux heures par jour pour la culture de leur place. Les juges de paix régleront, suivant les circonstances, l'heure à laquelle les travaux devront commencer et finir.

XXX. Il sera libre au propriétaire ou gérant d'avoir tel nombre que bon lui semblera de conducteurs ou sous-conducteurs de travaux ; ils seront choisis par lui et pourront être destitués également par lui, à la charge d'en rendre compte au juge de paix qui, assisté de ses assesseurs, prononcera sur la validité de la destitution.

Les conducteurs et sous-conducteurs pourront aussi être destitués par le juge de paix assisté de ses assesseurs, sur les plaintes portées contre eux par les cultivateurs.

XXXI. Les femmes enceintes de sept mois ne travailleront point au jardin, et n'y retourneront que deux mois après leurs couches ; elles n'en jouiront pas moins, pendant ce temps, des deux tiers de part qui leur sont alloués.

XXXII. Les cultivateurs pourront changer d'habitation pour raison de santé ou d'incompatibilité de caractère reconnue, ou sur la demande de l'atelier où ils sont employés. Le tout sera soumis à la décision du juge de paix, assisté de ses assesseurs.

XXXIII. Dans la quinzaine du jour de la promulgation de la présente proclamation, tous les hommes qui n'ont pas de propriétés, et qui ne seront ni enrôlés, ni attachés à la culture, ni employés au service domestique, et qui seraient trouvés errans, seront arrêtés et mis en prison.

XXXIV. Les femmes qui n'auront pas de moyens d'existence connus, qui ne seront pas attachées à la culture ou employées au service domestique, dans le délai ci-dessus fixé, ou qui seraient trouvées errantes, seront également arrêtées et mises en prison.

XXXV. Les hommes et femmes mis en prison dans les cas énoncés aux deux articles précédens, seront détenus pendant un mois, pour la première fois; pendant trois mois, pour la seconde; et la troisième fois, condamnés aux travaux publics pendant un an.

XXXVI. Les personnes attachées à la culture et les domestiques ne pourront, sous aucun prétexte, quitter, sans une permission de la municipalité, la commune où ils résident; ceux qui contreviendront à cette disposition seront punis de la manière déterminée dans l'art. XXVII.

XXXVII. Le juge de paix sera tenu de visiter, toutes les semaines, les habitations de sa dépendance. Le procès-verbal de visite sera envoyé à l'inspecteur-général, qui en fera passer des expéditions aux commissaires civils, au gouverneur général et à l'ordonnateur civil.

XXXVIII. Les dispositions du Code Noir demeurent provisoirement abrogées.

La présente proclamation sera imprimée et affichée par-tout où besoin sera.

Elle sera proclamée dans les carrefours et places publiques des villes et bourgs de la province du Nord, par les officiers municipaux en écharpe.

Ordonnons à la commission intermédiaire, aux corps administratifs et judiciaires de la faire transcrire dans leurs registres, publier et afficher.

Ordonnons à tout commandant militaire de prêter main-forte pour son exécution.

Requérons le gouverneur général *par interim* de tenir la main à son exécution.

Au Cap, le 29 *août, l'an deuxième de la République française.*

SONTHONAX.

Par le Commissaire civil de la République.

GAULT, *Secrétaire adjoint de la Commission civile.*

ERRATA.

Pag. lig.

4, dernière ligne de la Préface, *eodem dat anima*, lisez *eodem det anima*.

10, 4, et le maintien, *lisez* le maintien

Id. 6, leurs maîtres; à surveiller, *lisez* leurs maîtres à surveiller;

11, 5, *Indi mali labor*, lisez *Indi mali labes*.

13, 25, ainsi la colonie, *lisez* aussi la colonie.

17, 14, du président, *lisez* au président.

19, 1, dissertations, *lisez* dissentions.

20, 5, de deuil, *lisez* du deuil.

26, 25, je pourrais, *lisez* je pouvais.

28, 5 *de la note*, Madelène, *lisez* Madeline.

45, 8, qu'aucune, *lisez* qu'aucun.

58, 14, le reconnaître, *lisez* les reconnaître.

59, 3 *de la note*, qu'à d'autres, *lisez* que d'autres.

64, 14, remplaçant, *lisez* remplacer.

75, 13, pour vous seconder, *lisez* pour seconder.

Id. 25, injustice, *lisez* justice.

76, 17, Marin, *lisez* Maurin.

77, 25, les hommes, *lisez* ces hommes.

80, 9, particulier, *lisez* particuliers.

www.ingramcontent.com/pod-product-compliance
Ingram Content Group UK Ltd.
Pitfield, Milton Keynes, MK11 3LW, UK
UKHW021231230726
13926UKWH00003B/1379